Wert

Jürgen Ritsert

Wert

Warum uns etwas lieb und teuer ist

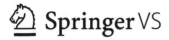

Jürgen Ritsert
Frankfurt am Main
Deutschland

ISBN 978-3-658-02193-1   ISBN 978-3-658-02194-8   (eBook)
DOI 10.1007/978-3-658-02194-8

Die Deutsche Nationalbibliothek verzeichnet diese Publikation in der Deutschen National-
bibliografie; detaillierte bibliografische Daten sind im Internet über http://dnb.d-nb.de
abrufbar.

Springer VS
© Springer Fachmedien Wiesbaden 2013
Springer VS ist eine Marke von Springer DE. Springer DE ist Teil der Fachverlagsgruppe
Springer Science+Business Media
www.springer-vs.de

Vorbemerkung

Max Weber hat den Terminus „Wert" als eines der Schmerzenskinder der Wirtschafts- und Sozialwissenschaften bezeichnet (GWL 209f.). Dieses Schmerzenskind gehört zu einer Großfamilie. Darin leben zudem Sprösslinge wie „Produktivität", „Geld", „Sinn" und einige mehr, die ähnlich verhaltensauffällig geworden und geblieben sind. Ihre Herkunft leitet diese Großfamilie aus verstreuten Stammesgebieten ab. Sie umfassen so verschiedene Landschaften wie Philosophie, Ökonomie, Politologie, Soziologie, Ethnologie oder Kulturanthropologie. Innerhalb dieser Regionen beschäftigen sie Personen, die ihrerseits in kultur- und sozialwissenschaftliche Schulen aufgeteilt sind, deren Mitglieder ebenfalls alles andere als einen einheitlichen Gebrauch von diesen Kategorien, schon gar nicht von der Kategorie „Wert" machen. Trotzdem muss man sich ob des Eindrucks einer völlig undurchsichtigen babylonischen Sprachverwirrung gar nicht so maßlos grämen. Gewiss gibt es Positionen in der Diskussion über „Werte" und wertorientierte praktische Aktionen, die sogar in einem strikten Gegensatz zueinander stehen und deren Vertreter sich erbittert befehden. Dennoch können sie, wenn sie nicht von irgendeinem Stamm des Bazillus Academicus wie dem des Dogmatismus oder dem des „rechthaberischen Realismus" (H. Steinert) befallen sind, durchaus über eine gemeinsame Sache diskutieren, auch wenn sie darüber völlig getrennte Auffassungen hegen. Bei solchen Gelegenheiten soll man sogar voneinander lernen können! In diesem Essay kann es also nur darum gehen, ein paar Pfade in der Sumpflandschaft des Wertdiskurses zu markieren. Ob der angestrebten „Kompaktheit" des Unterfangens müssen sie schmal und an einigen Stellen trotz aller Bemühungen um Wegweisung etwas schwerer begehbar bleiben. Die in meinen Lehrveranstaltungen mit einem gewissen Erfolg überprüfte Vermutung ist dennoch, die Wegweiser könnten ein wenig bei einer zügigeren Durchquerung des Sumpfes helfen.

Frankfurt am Main, 2013

Inhaltsverzeichnis

Über einige Dimensionen und Implikationen des Wertbegriffes

Rein grammatisch betrachtet begegnet uns der Wertbegriff in der Alltagssprache sowie in der Wissenschaftssprache vor allem in zwei Erscheinungsformen: als *Hauptwort* oder als *Eigenschaftswort*. Beim Subjektgebrauch dieses Wortes werden dem Wert bestimmte Eigenschaften wie jedem anderen vorfindlichen Sachverhalt auch zugeschrieben. Notiert man diese Merkmale im Stil der klassischen Logik, so ergibt sich: >W ε x<. W bedeutet irgendeinen handfesten Wertgegenstand wie ein Schmuckstück. Das ε liest sich als „ist" im Sinne von „hat die Eigenschaft" und w bedeutet irgendeines der möglichen Merkmale, die „der Wert" selbst annehmen kann. So kann das Schmuckstück als Wertgegenstand z. B. „schön" oder „teuer" oder „schön teuer" sein. (Heute schreibt man formallogisch normalerweise: Wx. D. h.: W weist die Eigenschaft x auf). So kann W sogar klettern: „Der Wert ist angestiegen". Alltagssprachlich, aber auch wissenschaftssprachlich reden wir häufig von derartigen „Werten" (groß geschrieben) und verstehen darunter in der Tat irgendwelche begehrenswerte Dinge: Goldbarren, Geschmeide, Immobilien etc. Das Substantiv „der Wert" wird so gesehen vor allem *materiellen Gütern* bzw. dem vorbehalten, was sowohl in der Marxschen Kritik der politischen Ökonomie als auch im neo-klassischen Lehrbuch der Nationalökonomie *Gebrauchswert* heißt. Aber „ist" etwas ein Gebrauchswert oder „hat" es Gebrauchswert? „Wir wollen ... solche mit Werten verknüpfte Objektwirklichkeiten 'Güter' nennen, um sie von den an ihnen haftenden Werten zu unterscheiden" (PA 13). Auch Dienstleistungen, nicht bloß handfeste Güter können einen Gebrauchswert aufweisen. Es gibt zudem die berühmten „inneren Werte" einer Person. Man sieht sie ihr nicht unmittelbar an. Sie sie entstammen oftmals der Verinnerlichung eines Typus von „Werten", bei denen der substantivische Sprachgebrauch und die damit verbundenen sozialontologischen Hintergrundannahmen ebenfalls am Platz sein können. Das gilt insbesondere für kulturell allgemein verbreitete und anerkannte *Normen*, *Regeln* und

J. Ritsert, *Wert*, DOI: 10.1007/978-3-658-02194-8_1,
© Springer Fachmedien Wiesbaden 2013

Kriterien, die man unter Max Webers Begriff der „Wertideen" versammeln kann. Der Unterschied zwischen diesen drei Arten der Wertideen lässt sich vielleicht so umreißen:

– *Normen* begegnen uns in der gesellschaftlichen Wirklichkeit als Gebote und/ oder Verbote, aber auch als Verpflichtungen und/oder Erlaubnisse (Rechte). Als „Gebote" können sie in die Form von Sollensaussagen gebracht werden, die mehr oder minder scharfe Sanktionen versprechen. „Du sollst x tun und y unterlassen, anderenfalls …" Moral, Recht, Sitten und Gewohnheiten stellen Bezirke des kulturellen Überbaus dar, worin Normen einen besonderen Stellenwert einnehmen. „Objektivität" beispielsweise wird als eine zentrale wissenschaftliche *Norm* der wissenschaftlichen Theoriebildung und Forschung hoch gehalten, aber auch im Alltag geschätzt.

– *Regeln*. In der Regel sind die Verwendungsweisen des Regelbegriffs besonders unübersichtlich. Es ist gleichwohl unschwer einzusehen, dass man *Regelmäßigkeiten* von *Regeln* unterscheiden sollte. x folgt regelmäßig auf y. Das kann so sein. Die beobachtete Regelmäßigkeit des Geschehens muss jedoch nicht *aufgrund* der Geltung irgendeiner Regel auftreten. Dass auf den Blitz regelmäßig der Donner folgt, hat bestenfalls Zeus so geregelt. Regeln bedeuten Verfahrensvorschriften, bei deren Anwendung man einen Fehler machen kann: $4 + 4 = 9$. Einer Regel folgerichtig zu folgen, bedeutet, sie praktisch mit Erfolg anwenden zu können. Wer die Regeln der Rechenkunst beherrscht, kann die Reihe 1, 2, 4, 8, 16 … verstehen und korrekt fortsetzen – bis ins Unendliche, wenn er Zeit und Muße dazu hat. Normen und Regeln zeichnen Akteuren einen bestimmten Kurs des Denkens und Handelns vor. Sowohl auf Norm- als auch auf Regelverstöße können schwere Sanktionen folgen. Eine Differenz zwischen Norm und Regel lässt sich vielleicht daran festmachen, dass bei Regeln der Akzent auf der Methode, also auf individuellen und/oder kollektiven Verfahren und Vorgehensweisen insbesondere bei der Problembearbeitung liegt. Sie enthalten mithin Informationen über die Schritte, die getan werden können (müssen), um ein bestimmtes Problem zu bearbeiten oder gar zu lösen. Regelverstöße werden wie Normverletzungen in verschiedenen Graden sanktioniert. Wichtig ist die Unterscheidung zwischen *konstitutiven* und *regulativen* (besser wohl: *direktiven*) Regeln, die John Searle vorgeschlagen hat. Die Stellung im Abseits wird durch die Regeln der FIFA *konstituiert*, anderenfalls existierte diese Position gar nicht. Ohne sie stünde der Kicker einfach so in der Gegend herum und nicht ausgerechnet im Abseits. Direktive Regeln wie das Rechtsfahrgebot der StVO lenken demgegenüber eine schon bestehende Praxis in bestimmte Bahnen.

– *Kriterien*: Auch die Begriffe „Kriterium" oder „Standard" werden in der Alltagssprache oftmals gleichbedeutend mit „Norm" oder „Regel" verwendet. Man denke etwa an die Industrienormen, die als Kriterien nach DIN einzuhalten sind. Mit diesen Industrienormen sind jedoch Standards gemeint, die ein bestimmtes Produkt, eine bestimmte Leistung, ein bestimmter Prozess … erfüllen soll. Damit bedeutet „gut" z. B. nicht „moralisch einwandfrei" oder „schmackhaft", sondern primär „ein Kriterium erfüllend."

Es handelt sich also in all diesen Fällen um Wertideen, um „Werte" groß geschrieben. Doch Sprachanalytiker können an dieser Stelle gleich wieder und mit Recht auf eine Reihe philosophischer Folgeprobleme des substantivischen Sprachgebrauchs verweisen. Eines davon lässt sich z. B. an der folgenden Frage festmachen: Es gibt Werte, schön und gut. Aber was macht z. B. eine Perlenkette ausgerechnet zu einem „Wert" (Wertgegenstand) und nicht einfach nur zu einer Reihe von Kugeln, die durch einen Faden zusammengehalten werden? Ich habe bewusst den Plural „Wertbegriffe" gewählt, weil es viele verschiedene Dinge gibt, die wir als „Werte" ansehen. Das nächste Folgeproblem lautet mithin: Auf welcher Grundlage rechnen wir sie allesamt zur Kategorie der „Werte" und die Kette nicht z. B. nur zu einem Verbund von bunten Klunkern? Was macht also in diesem Falle die Einheit in der Verschiedenheit aus?

Vielleicht fällt der adjektivische Wertdiskurs unproblematischer aus? Dann versteht sich A nicht selbst als ein Wert, sondern bedeutet irgendeinen Sachverhalt, der eine Wert*eigenschaft* aufweist. Das drücken wir in der Form allseits bekannten Alltagsfeststellungen z. B. so aus: A *hat* einen bestimmten Wert, A *ist* werthaltig, A *ist* von hohem Wert, A *ist* wertbeständig, A *ist* wertvoll etc. Man kann aber auch an das Beispiel dreier klassischer Wertprädikate erinnern, die uns Platon allerdings in substantivischer Form überliefert hat: Das Wahre, das Schöne, das Gute. Aber diese Hauptworte lassen sich leicht grammatisch umformen. Es gibt ja eine Fülle von Aussagen oder Aussagensystemen, denen man die Eigenschaft „wahr" zuzuschreiben geneigt ist. Es gibt die verschiedensten Gebilde – in der Natur oder als Artefakte –, denen wir die Eigenschaft „schön" zusprechen. Und „gut" kann ein Menu schmecken, aber auch ein Mensch kann „gut" im Sinne von „moralisch einwandfrei" in seinem Denken und Handeln sein. In all diesen Fällen lautet die elementare Formel: >A ε w< bzw. >Aw<. Doch erneut wirft der einschlägige Sprachgebrauch vielfältige Probleme auf. Nehmen wir nur die alltagssprachlich übliche Metapher: Etwas *ist* wertvoll. Die grammatische Form entspricht der von Ding (Subjekt) und Werteigenschaft (Objekt). Heinrich Rickert verwendet das Bild, der Wert könne bestimmten Dingen in der Wirklichkeit „anhaften" (PA 13). Damit zeichnet sich sofort ein weiteres Folgeproblem ab: Gibt es irgendjemanden, der ernsthaft behauptet, die Werteigenschaft „hafte" dem Gegenstand A so an, wie das Moos am Baum haftet? Wenn nicht, dann mag „wertvoll" oder „werthaltig" vielleicht eine tatsächliche („objektive") Eigenschaft von A darstellen, es muss sich jedoch um eine sog. „nicht-naturalistische" Eigenschaft handeln. Denn das Prädikat zielt zwar auf eine tatsächlich vorliegende Beschaffenheit des Sachverhalts, die jedoch nicht in Analogie zur physikalischen Farbeigenschaft irgendeines Dinges oder seines Gewichtes etc. zu deuten ist. Wie aber dann?

Zwei Grundmuster bei der Verwendung des Wertbegriffes lassen sich nach diesen ersten Hinweisen unterscheiden, zu denen sich noch ein dritter, uns allen ebenfalls geläufiger Typus gesellt:

1. Etwas *ist* ein Wert. Es gibt eine Menge von *substantivischen Wertbegriffen*. „Güter" (Gebrauchswerte), „Wertideen" im Allgemeinen, Normen Regeln und Kriterien im Besonderen gehören dazu.
2. Etwas *hat* einen Wert. Es gibt somit eine Menge von *„objektiven"* Wertbegriffen. Dieses Schmuckstück *ist* tatsächlich wertvoll. „Diese Aussage ist wahr". „Dieses Bild ist schön". „Dieser Mensch ist gut."
3. Etwas genießt *Wertschätzung*. Es gibt eine Menge individueller und/oder kollektiver Wertungen: „Das hat mir geschmeckt." „Das ist sehr nützlich für unseren Zweck z."

Wenn etwas wie beim Typus 3 *Wertschätzung* genießt und als allein ausschlaggebend angesehen wird, dann sieht die elementare Aussagenstruktur so aus: Es gibt weder „den" Wertgegenstand an sich, noch eine „objektive" Werteigenschaft. „Werthaltigkeit" stellt vielmehr die Folge *von uns* („subjektiv") vorgenommener Bewertungen dar. Etwas genießt Wertschätzung, weil es unseren Bedürfnissen bequem ist. Es wird von uns unter der Voraussetzung unserer Vorlieben und Abneigungen positiv oder negativ *bewertet*. Anders, im Jargon von G. W. F. Hegel ausgesprochen: Etwas ist nicht wertvoll *an sich* („objektiv"), sondern immer nur wertvoll *für uns* („subjektiv"). Auch hier lässt sich sofort eines von vielen Folgeproblemen exemplarisch heranziehen. Man kann es in der Frage zusammenfassen: Wer sind eigentlich „wir", die da munter Werturteile abgeben? Jedes einzelne Individuum mit der Fülle seiner je spezifischen Neigungen? Eine bestimmte Gruppe von Menschen, die gemeinsame Nutzenvorstellungen aufweisen und vergleichbaren Strategien des Nutzenstrebens folgen? Wir als Mitglieder eines sog. „Kulturkreises" (einer Subkultur)? Wir als Mitglieder einer an einem bestimmten Ort in einem bestimmten Zeitabschnitt existierenden Gesellschaft? Wir als Mitglieder der Menschheit überhaupt? Flugs drängt sich die nächste

Zusatzfrage auf: Welche Faktoren liegen dann unseren Bewertungen eigentlich zugrunde? Unsere Strebungen (Triebe)? Unsere unverwechselbar individuellen Neigungen (manchmal „Idiosynkrasien" genannt)? Unserer kulturell definierten Bedürfnisse? Oder „Wertideen" (Weber), also jene *allgemeinen* Normen, Regeln und Kriterien im Überbau einer bestimmten Gesellschaft? Gibt es darüber hinaus die Menschheit universell verpflichtende Prinzipien? Sind es all diese Komponenten in irgendeinem festzustellenden Zusammenhang?

Auch die sozialontologischen Probleme, die Werte und Wertprädikate aufwerfen, sind nicht zu unterschätzen. Auf welche Art und Weise sind Werte und/ oder Werteigenschaften eigentlich „da"? Wenn es um die erwähnten allgemeinen *Wertideen* geht, vertritt Heinrich Rickert eine nicht nur bei Neu-Kantianern seiner Couleur verbreitete Auffassung: Die Existenzweise von Wertideen ist nicht die irgendeines stofflichen Seins von der Art der Festkörper, sondern sie ist von ihrer *Geltung* her zu begreifen. „Geltung" bedeutet im Kern, einen Anspruch an unser Denken und Handeln stellend und/oder eine Erlaubnis eröffnend. Mit Werten im Sinne von *Wertideen* sind mithin normative Ansprüche an unser Denken und Handeln verbunden, die bis zur gewissenhaftesten Verpflichtung oder zum strengsten Verbot reichen können. Sie sind zudem oftmals mit Sanktionen des verschiedensten Härtegrades gegenüber abweichendem Verhalten bewehrt. Auf der anderen Seite können sie uns in der Form ausdrücklicher Erlaubnisse (etwa als Rechte) Spielräume nicht nur einräumen, sondern auch garantieren. Deren Beachtung durch andere Personen und Instanzen ist dann ebenfalls *geboten*. An dieser Stelle stößt man erneut auf die Jahrtausende alte Streitfrage, ob Normen nur dann „gelten", wenn und weil sie *tatsächlich* von der Mehrheit einer bestimmten Menge von Menschen beachtet werden. Das heißt, dass sie *faktisch in Kraft gesetzt* sind und die Leute sich empirisch weitgehend daran halten. Doch z. B. eine Aussage selbst kann als *wahr* gelten, unabhängig davon, ob sie der Sprecher subjektiv für wahr hält oder nicht. Bestimmte Wertideen können also „gelten", unabhängig von der Menge der Leute, die sich *faktisch* daran hält oder nicht. Man denke dabei nur an die aktuelle Diskussion über Menschenrechte. Gewiss: Wer sich *tatsächlich nicht* daran hält, kriegt Ärger. Denn wir *sollen* ihnen folgen oder können uns mehr oder minder nachdrücklich auf *normative* Garantien für bestehende Erlaubnisse (Rechte) berufen. Aber derartige Wertideen können faktisch in Kraft und ihr Geltungsanspruch kann dennoch – ja, gemessen an welchen höherrangigen Normen? – zweifelhaft sein. Naturrechtstheorien haben sich immer schon mit diesem Problem herumgeschlagen. Denn, was normativ mehrheitlich gilt, muss nicht unbedingt „vernünftig" sein. Auch die Barbarei hat ihre massenhaften Anhänger. Eines ist jedenfalls gewiss und spürbar: Insoweit Gebote und Verbote mit Sanktionen bewehrt sind, können wir auf Normen, Regeln und Kriterien wie auf eine Mauer prallen, obwohl physisch gar keine da ist. So gesehen, sind sie „objektiv" vorhanden. Wertideen liefern mithin Beispiele für „Werte", die auf andere Weise als handfeste Güter existieren und dennoch ohne besondere Irreführung im Substantiv verhandelt werden (können).

Über die Grundstruktur von Tatsachenaussagen und Werturteilen

Wir Alltagsmenschen fällen ständig zutreffende und/oder unzutreffende Urteile über andere Personen, Gegenstände, Themen, Schriften, Verlautbarungen, gelegentlich sogar über uns selbst. Wir urteilen über irgendwelche Sachverhalte, schreiben ihnen bestimmte Merkmale zu, versuchen ihr Dasein oder Zustandekommen zu erklären und bewerten sie überdies bei vielen Gelegenheiten positiv oder negativ. Bei Erkenntnis handelt es sich, wenn sie hinhaut, um die Feststellung von Tatsachen. Doch dahinter steckt mehr als das. Denn Sprechen – so lehrt die sog. „Sprechakttheorie" – stellt immer zugleich eine Form sozialer Handlung dar. Mit einer Aussage sagen wir nicht nur in grammatisch und logisch wohlgeordneter Form (Syntax) etwas über etwas aus (Semantik), sondern wenden uns stets auch – selbst beim Monolog, den wir ohne eine in einer Gemeinschaft gelernte Sprache gar nicht führen könnten – an Adressaten (Pragmatik). Wir wollen durch unsere Äußerungen etwas praktisch bei ihnen erreichen; sie beispielsweise zu einem bestimmten Tun und Lassen bewegen. Dass uns das oftmals misslingt, der Erfolg also nicht garantiert ist, das ist eine andere Sache. Wenn es mit der Ansprache nicht klappt, dann haben wir ein Problem, ein Interaktionsproblem. Es gibt viele verschiedene und einflussreiche Typologien für Sprechakte. Ich bevorzuge die von John R. Searle (* 1932), die hier in vereinfachter Form wiedergegeben wird:

Zwischeninformation zu Searles Sprechakttypologie (GSG)

1. Assertive Sprechakte Sie stellen fest, dass etwas in der Welt der Fall ist und bestimmte Eigenschaften aufweist. An Adressaten gerichtet, sollen sie diese Information weitergeben. Sie hängen unmittelbar mit dem zentralen Problem der Erkenntnistheorie zusammen, mit dem *Problem der Referenz*. „Referenz" meint den Gegenstandsbezug von Aussagen.

J. Ritsert, *Wert*, DOI: 10.1007/978-3-658-02194-8_2,
© Springer Fachmedien Wiesbaden 2013

Assertive Äußerungen z. B. in der Form von Feststellungen, Beschreibungen oder Erklärungen können daher wahr oder falsch sein. Mit „Gegenstand" kann Verschiedenes gemeint sein: Materielle Objekte, Artefakte, andere Personen oder Themen. (Unter Themen verstehe ich Sprachgebilde: Texte im allerweitesten Sinne des Wortes).

2. Direktive Sprechakte Sie richten sich an Adressaten, um sie zu bestimmten Handlungen zu bewegen. Anordnungen, Befehle oder Bitten fallen in diese Rubrik. „Jeder Direktiv ist der Ausdruck des Wunsches, dass der Hörer das tut, was den Gehalt des Direktivs ausmacht" (GSG 177). „Holst Du mir ein Bier?" ist ein entscheidender Wunsch dieser Art. Eine *passende* Reaktion des Adressaten ist leider empirisch niemals absolut sicher! „Hol' dir's doch selbst!"

3. Kommissive Sprechakte Durch diesen Typus legt sich der Sprecher ausdrücklich auf einen bestimmten Kurs seines Denkens und Handels fest. Beispiele dafür liefern Versprechen, Gelöbnisse, Zusicherungen, Verträge und Garantien. Diese Art Äußerungen drücken allemal eine Absicht aus. Auch in diesem Falle gibt es keine absolute Garantie für die Verwirklichung des Versprechens. Der Kerl zahlt einfach den zugesicherten Betrag nicht!

4. Expressive Sprechakte Expressive Sprechakte drücken vor allem Einstellungen, Empfindungen und Gefühle des Akteurs aus. So erklärt er etwa seine Zuneigung oder betont seine Aufrichtigkeit etc.

5. Deklarative Sprechakte Sie entsprechen weitgehend dem, was Searle auch „konstitutive Sprechakte" nennt. Die Äußerung und oder Regeln setzen die soziale Tatsache gleichsam in die soziale Welt. Die Ehe besteht erst als offizielle gesellschaftliche Institution, wenn der Standesbeamte gesagt hat: „Hiermit erkläre ich Sie für Mann und Frau" – die ergänzenden Stempel auf Urkunden nicht zu vergessen! (vgl. GSG 176ff.).

Feststellungen (vom Searleschen Typus 1) werden auch *Tatsachenaussagen* genannt und mit Recht von den *Werturteilen* unterschieden. An den Akademien verstehen sich Tatsachenaussagen mit aller Selbstverständlichkeit als wissenschaftlich begründete (z. B. empirisch überprüfte) Feststellungen, Erklärungen und Prognosen. Doch auch Vermutungen (Hypothesen) lassen sich als Tatsachenurteile, als noch nicht überprüfte Behauptungen über Gegebenheiten verstehen. Geht man von diesen beiden wesentlichen Bestandteilen von Theorien mit Wahrheitsanspruch aus, dann können diese Hauptklassen wissenschaftlicher Tatsachenaussagen auch als *assertorische* Urteile über Sachverhalte einerseits, als *hypothetische* andererseits bezeichnet werden. Wie gesagt: Assertorische Urteile stellen (nicht nur in den Wissenschaften) mit einem definitiven Wahrheitsanspruch versehene Aussagen *über Tatsachen,* ihre Merkmale, Verursachung, Wirkungen, sowie über die Zusammenhänge dar, worin sie stehen. Sie sind also fest mit dem Problem der Referenz, des Gegenstandsbezugs von Sprechakten und Texten verwoben. Wie G. W. F. Hegel dies ausdrückt: „Mit dem Urteilen ist hernach die Reflexion verbunden, ob dieses oder jenes Prädikat, das im *Kopfe* ist, dem Gegenstande, der *draußen* für sich ist, *beigelegt* werden könne … (WL II; 267). Hypothetische Urteile formulieren nicht nur Wissenschaftler hingegen als Vermutungen darüber, welche Eigenschaften den interessierenden Gegebenheiten zukommen, in welchen tatsächlichen Zusammenhängen sie vermutlich stehen, was sie verursacht haben könnte, welche Wirkungen sie ausüben *könnten* usf. So gesehen stellen gut überprüfte wissenschaftliche Tatsachenaussagen eine Teilklasse der assertiven Sprechakte überhaupt dar. Referentielle Aussagen werden auch „Ist-Sätze" genannt. (Etwas *ist* der Fall).

Bei Werturteilen liegen die Dinge anders. Mit ihrer Hilfe drücken wir Bewertungen aus. Wir verleihen Gegebenheiten – ganz allgemein gesehen – die Vorzeichen + oder − (Positivität und Negativität). Es gibt natürlich zahllose geläufige Beispiele für positive oder negative Bewertungen, etwa die Einschätzung von Theorien als wahr oder falsch, von Bildern als schön oder hässlich, von Handlungen als moralisch gut oder böse. Wenn der Richter sein Urteil fällt, so liegt dem bekanntlich ebenfalls eine Bewertung der Beweismittel als stichhaltig oder wenig überzeugend zugrunde. Den drei Grundtypen des Wertbegriffes entsprechend lassen sich in einer allgemeinen Form drei Hauptklassen von Werturteilen unterscheiden: Wir stellen fest, (a) dass etwas ein Wert *ist* oder (b) dass etwas *wertvoll* ist oder (c) dass es aufgrund unserer Vorlieben und Abneigungen unsere *Wertschätzung* genießt. In den beiden ersten Fällen bestimmen wir entweder Personen, Ereignisse, Vorgänge, Dinge, Produkte oder Themen selbst als einen Wert oder wir schreiben ihnen tatsächliche Eigenschaften wie „werthaltig" oder „wertvoll" zu. Die Fälle (b) und (c) könnten wir als *Wertprädikationen* zusammenfassen. Denn entweder erkennen wir angesichts der Sache eine ihr zukommende Werteigenschaft oder wir bewerten einen Sachverhalt und bringen dies zum Ausdruck. Von den Wertprädikationen in diesem engeren Sinne lassen sich noch die sog. (d) *Sollenssätze* (ought-sentences) unterscheiden. Dazu gehören Gebote, Verbote und Erlaubnisse. „Du sollst …"; „Du darfst …"; „Du darfst nicht …". Normen (Rechte und Pflichten) der Moral, Wertideen der Ästhetik, rechtliche Gebote, politische Zielsetzungen liefern maßgebliche Grundlagen für Sollensurteile.

Sowohl Tatsachenaussagen als auch Wertbestimmungen gehören ihrer logischen Grundform nach zum Typus eines *Urteils*. Wenn wir nach tieferen Bedeutungsschichten der Kategorie des Urteils graben, dann stoßen wir auf etwas ganz Ursprüngliches, nämlich auf die Ur-Teilung. Es gibt „die *ursprüngliche Teilung* des ursprünglichen Einen" (WL II; 267). Sie offenbart sich mit der für ein jedes bewusste Leben des einzelnen Menschen unterhintergehbaren (oftmals auch bis zur Gegensätzlichkeit zugespitzten) Unterscheidung zwischen Ich und Nicht-Ich. Um dies einzusehen, brauchen wir uns nur des schlichten Tatbestandes zu erinnern, dass jede(r) von uns einen Unterschied zwischen sich und Anderem sowie Anderen muss machen können, um überhaupt in die Lage zu kommen, irgendetwas als etwas Bestimmtes zu beurteilen, bewerten und behandeln zu können. Das Selbstbewusstsein, das „Ich denke" (das Wissen um sich selbst im Unterschied und/oder im Gegensatz zu Andersseiendem) muss mithin „alle meine Vorstellungen begleiten können". Denn anderenfalls „würde etwas in mir vorgestellt werden, was gar nicht gedacht werden könnte, welches ebenso viel heißt, als die Vorstellung würde entweder unmöglich, oder wenigstens für mich nichts sein" (KrV B 133). Anders ausgedrückt: Ohne Selbstbewusstsein (Wissen um sich) könnte kein von Draußen oder aus dem eigenen Körper kommender Eindruck der meine sein. „Das Subjekt ist wirklich nur in einem Wissen – seinem Wissen von sich selbst".[1] Das bedeutet natürlich nicht, dass sich der einzelne Mensch selbst jederzeit *voll* bewusst sein könnte. Es gibt bekanntlich die Schranke des Unbewusstseins. Es gibt zudem die Notwendigkeit, sich beim Handeln auf vorbewusste Routinen und Rezepte, also auf gerade nicht aktualisierte Erinnerungen zu stützen. Aber wir wissen um diese dem bewussten Sein nicht zugängigen Momente immerhin ein Stück weit *als* Schranke und fällen etwa im Rahmen der Freudschen Theorie wahre oder falsche Urteile über Prozesse, die jenseits dieser Schranken im Unbewussten rumoren. Urteile als tatsachenbezogene oder wertende Sprechakte im Alltag und in den Wissenschaften setzen jedenfalls allesamt bewusst urteilende Subjekte voraus! Wo in der klassischen Logik von Aristoteles bis Kant und Hegel vom Inhalt eines „Urteils" die Rede ist, wird man heutzutage eher von „Propositionen" oder „propositionalen Gehalten" lesen und hören. Hinter diesem Sprachgebrauch steckt eine wichtige logische Unterscheidung, nämlich die zwischen *Sätzen* und *Aussagegehalten*. Sätze können ganz verschiedene sprachliche Ausprägungen aufweisen, jedoch die gleiche Aussage machen, den gleichen *propositionalen Gehalt* aufweisen. „It rains", „il pleut", „es regnet" sind Sätze aus verschiedenen Sprachen, die geläufige Buchstaben unseres Alphabets ganz verschieden anordnen und dennoch allesamt das Gleiche aussagen; sie verweisen auf den Tatbestand einer Bewässerung von oben. An dieser Stelle stoßen wir auf ein erstes der zahllosen Probleme, die sich einer jeden genaueren Verhältnisbestimmung von Tatsachenaussagen und Werturteilen stellen: Was den Aussagengehalt von Behauptungen und/oder Vermutungen über Gegebenheiten angeht, hat man gute Gründe dafür, zu fragen, ob er *wahr* oder *falsch* ist.[2] „Der Witz assertiver Sprechakte ist es, den Sprecher auf die Wahrheit der Proposition festzulegen" (GSG 176). Doch verhält sich das bei Werturteilen genau so? Sind Werturteile analog dem Falle des Gegenstandsbezugs

---

[1] D. Henrich: Denken und Selbstsein. Vorlesungen über Subjektivität, Frankfurt/M 2007, S. 53.

[2] Vgl. dazu M. C. Cohen and E. Nagel: An Introduction to Logic, New York 1962, S. 27f.

„wahrheitsfähig" oder weisen sie einen davon völlig zu trennenden logischen Charakter, z. B. den der Geltung als faktisches Anerkanntsein auf? Flugs taucht die alte Problematik wieder auf: Was heißt dann aber „Geltung"? Empirisch von einer Mehrheit, von der *volonté de tous* gleichsam, akzeptiert zu sein? Fragen wie diese werden oftmals in die Form gebracht, ob Werturteile so „objektiv" sein könnten wie Tatsachenaussagen? Doch damit gerät man erst so richtig in den Schlamassel. Denn „Objektivität" stellt eine Norm dar, die – um es zurückhaltend auszudrücken – eine bunte Vielfalt von Bedeutungsmöglichkeiten aufweist.[3] Dem ist so, obwohl eine Reihe von Autoren „Objektivität" gern gleichbedeutend mit „Wahrheit" im Sinne der Adäquationstheorie der Wahrheit (zutreffender Gegenstandsbezug) behandelt und damit wieder zurück zum Start, zum Ausgangsproblem rutscht: Können Werturteile in diesem Sinne „wahr" sein oder nicht? Unstrittig ist, dass die Antworten auf all diese Fragen sehr strittig sind. Eine z. B. von Heinrich Rickert vertretene These behandele ich im Folgenden trotzdem als feststehend: Es gibt einen Unterschied zwischen der Wahrheit oder Unwahrheit einer Proposition und dem Fürwahrhalten des Aussagengehaltes durch den Sprecher, also seiner subjektiven „Festlegung" auf den Wahrheitsgehalt der Satzaussage. Als Paradoxie formuliert: Die Tatsachenaussage eines Sprechers muss nicht den Tatsachen entsprechen. Nur, wer ist da der Schiedsrichter? (Problem der Wahrheitskriterien).

---

[3] Vgl. dazu J. Ritsert: Seminarmaterialien 23, Teil II (auf der Homepage).

Problemfelder bei der Verhältnisbestimmung von Werturteilen und Tatsachenaussagen

3

Wenn inzwischen der Eindruck entstanden sein sollte, es wimmele in der Diskussion über das Verhältnis von Tatsachenaussagen und Werturteilen nur so von Problemen, die niemand bisher vollständig zum Verschwinden gebracht hat, dann ist er nach meiner Auffassung vollkommen berechtigt. Unter dieser Voraussetzung könnte es allein schon eine erste Hilfestellung bedeuten, Problemfelder abzustecken, in denen sich symptomatische Werturteilsstreitigkeiten zu bewegen pflegen. Deren viere wurden hier zum Zwecke der Illustration ausgewählt:

(1) Die Hume-These Eine der folgenreichsten Analysen des logischen Verhältnisses von Tatsachenaussagen (Is-Sentences) und Sollausaussagen (Ought-Sentences) findet sich in David Humes (1711–1776) Traktat über die menschliche Natur. Dieser enthält die folgende viel kommentierte Passage: „In jedem Moralsystem, das mir bisher vorkam, habe ich immer bemerkt, dass der Verfasser eine Zeitlang in der gewöhnlichen Betrachtungsweise vorgeht, das Dasein Gottes feststellt oder Behauptungen über menschliche Dinge vorbringt. Plötzlich werde ich damit überrascht, dass mir anstatt der üblichen Verbindungen von Worten mit *'ist'* und *'ist nicht'* kein Satz mehr begegnet, in dem nicht ein *'sollte'* oder *'sollte nicht'* sich fände. Dieser Wechsel vollzieht sich unmerklich; aber er ist von größter Wichtigkeit. Dies *sollte* oder *sollte nicht* drückt eine neue Beziehung oder Behauptung aus, muss also notwendigerweise beachtet und erklärt werden. Gleichzeitig muss ein Grund angegeben werden für etwas, das sonst ganz unbegreiflich scheint, nämlich dafür wie diese neue Beziehung zurückgeführt werden kann auf andere, die von ihr ganz verschieden sind."[1] Hume bezieht sich an dieser Stelle auf die Moralphilosophie. Ethische Aussagensysteme enthalten natürlich immer auch vielfältige Vermutungen und

---

[1] D. Hume: Traktat über die menschliche Natur, Buch III, 1. Teil/1. Abschnitt, Hamburg 1978, S. 211f.

J. Ritsert, *Wert*, DOI: 10.1007/978-3-658-02194-8_3,
© Springer Fachmedien Wiesbaden 2013

Behauptungen über *tatsächliche* Gegebenheiten. So war es noch zu den Zeiten Humes ob des fortbestehenden engen Zusammenhanges zwischen Theologie und Philosophie üblich, Skeptikern Beweise für die mitunter in Zweifel stehende *Tatsache* der Existenz Gottes vor Augen zu führen. Auch anthropologische Prämissen spielten und spielen eine besondere Rolle in der Ethik. Das sind Annahmen über tatsächliche und wesentliche Eigenschaften (Wesensmerkmale) „des Menschen", der Gattung der Menschen. Auch in diesem Falle handelt es sich selbstverständlich um Tatsachenurteile und/oder Vermutungen über wesentliche Merkmale, die sich bei sämtlichen Menschen vorfinden lassen. Hume analysiert derartige Feststellungen oder Hypothesen formal im Einklang mit der klassischen aristotelischen Logik, d. h.: er stellt sie in ihrer Elementarform einer Verbindung von Subjekt und Prädikat durch die Copula ε (S ε P) dar. Die Copula ε wiederum liest sich als „ist", wobei zwei Grundbedeutungen dieser Vokabel vorzufinden sind: (a) „ist" im Sinne von „existiert" und (b) „ist" im Sinne von „hat die Eigenschaft". Es geht Hume vorwiegend um (b), um elementare Merkmalszuschreibungen (Prädikationen). Was er mit Erstaunen bei der Lektüre zahlreicher moralphilosophischer Texte feststellt, ist, dass reine Ist-Aussagen (Tatsachenurteile) unter der Hand in normative Empfehlungen (Sollsätze) umgewandelt werden. Auf den ersten Blick in die problematischen Texte der Theologie und Ethik erscheint das Verhältnis der Ist-Sätze zu den Sollsätzen als eines der logischen Ableitung (*Deduktion*). D. h.: Es entsteht der Eindruck, als seien die Werturteile aus den Tatsachenfeststellungen nach den Prinzipien des Syllogismus logisch streng abgeleitet worden. Aber wie soll eine solche Ableitung vonstattengehen, wenn – was Hume voraussetzt – die beiden Urteilstypen als logisch völlig voneinander getrennt zu behandeln sind? (s.u.: Dichotomiethese). Die Humethese lautet im Kern also: Sollenssätze lassen sich grundsätzlich nicht aus Tatsachenaussagen *deduzieren* – es sei denn, man schmuggelt klammheimlich normative Bestimmungen in die tatsachenbezogenen Prämissen der jeweiligen Schlussfolgerung ein. Dann handelt es sich jedoch nicht um eine korrekte *Deduktion*, sondern um ein *Enthymem*. Unter „Enthymemen" sind Schlussfolgerungen zu verstehen, die unausgesprochene Prämissen (oder Begriffe) enthalten. Die Humethese nimmt bis auf den heutigen Tag einen gleichsam kanonischen Status ein. Es gibt zwar Versuche – der bekannteste stammt von John Searle[2] – nachzuweisen, dass eine *Deduktion* von „Ought" aus „Is", von Sollenssätzen aus Tatsachenaussagen logisch möglich ist – aber richtig durchgesetzt hat sich Searles Vorschlag nicht. Denn niemand kann und will wohl ernsthaft bestreiten, dass es zu den rhetorischen Winkelzügen von Ideologen gehört, scheinbar

---

[2] Vgl. J. R. Searle: How to derive 'ought' from 'is', in: W. D. Hudson: The Is/Ought Question, London 1969, S. 120ff.

die splitternackten Tatsachen vorzutragen, aber Wertvorstellungen heimlich in die Prämissen einzuschmuggeln, um dann aus der Menge der offenen und verdeckten Voraussetzungen Sollenssätze „abzuleiten", die sich – wie der Zufall so spielt – genau mit den *politischen* Zielsetzungen der jeweiligen Person oder Gruppe decken.

(2) Die Dichotomiethese   Die Hume-These lässt sich historisch gewiss auch als ein Beispiel für die verschiedenartigen Versuche in der Phase der frühen europäischen Aufklärung lesen, das philosophische Denken aus den normativen Zwängen der Theologie bzw. der Kirche(n) zu befreien. Die wertorientierte Handlung aus dem religiösen Empfinden und den Geboten der Glaubenslehre heraus soll nun – anders als es die Kirchen suggerieren – von der Erforschung tatsächlicher Gegebenheiten und Zusammenhänge in der Welt strenger abgegrenzt werden. Deswegen wendet sich Hume gegen alle Versuche, die Deduktion von „Ought" aus dem „Is", mithin aus zwei logisch völlig getrennten Sphären vorzunehmen. So gesehen kann man die Dichotomiethese sogar als die Kernvorstellung der Hume-These ansehen. Ihre konsequenteste und klarste Fassung hat sie dann später vor allem durch Max Weber erfahren. Denn für diesen steht es fest, „dass einerseits die Geltung eines praktischen Imperativs als Norm und andererseits die Wahrheitsgeltung einer empirischen Tatsachenfeststellung in absolut heterogenen Ebenen der Problematik liegen und dass der spezifischen Dignität *jeder* von beiden Abbruch getan wird, wenn man dies verkennt und beide Sphären zusammenzuzwingen sucht" (GWL 501). Somit ist beim Verhältnis von Tatsachenaussagen und Werturteilen logisch von einer *strikten Disjunktion,* also dem ausschließenden Entweder-Oder auszugehen. Entweder Fisch oder Fleisch, eine dritte Möglichkeit ist ausgeschlossen (*tertium non datur).* Webers Postulat der Werturteilsfreiheit wird in zahlreichen Fällen geradezu mit der Verpflichtung gleichgesetzt, sich nur unter Voraussetzung dieser Disjunktion Gedanken zu machen, wenn es etwa um das Verhältnis von Wissenschaft und (z. B.) außerwissenschaftlichen Normen und Interessen in der Gesellschaft geht. Gegen dieses Gebot spricht solange nichts, wenn man davon ausgeht, es ließen sich *völlig lupenreine Tatsachenaussagen* formulieren, die intern überhaupt keine Bezüge zu irgendwelchen normativen Gegebenheiten außerhalb aufweisen. Daraus lassen sich in der Tat keine normativen Sätze logisch *ableiten* – es sei denn, man schmuggelt werthaltige Prämissen klammheimlich in das Argument ein. „Der Ball ist rund!" Aus diesem sensationellen Befund *alleine* folgt nicht, dass er beim Fußball in das Tor geschossen werden *muss.* Nur: Ist das Werturteilsproblem angemessen ausschließlich in der wissenschaftslogischen Perspektive einer *Deduktion,* einer Schlussfolgerung aus Voraussetzungen zu diskutieren? Vor allem aber: Folgt daraus umstandslos, dass sich dann, wenn sich irgendwelche aus der Gesellschaft „draußen" stammende Bestimmungen

in den Ordnungsprinzipien und/oder Inhalten eines „rein" wissenschaftlichen
Diskurses aufspüren lassen, dieser damit automatisch als „falsch" oder „ideologisch verfälschend" ausgewiesen ist? Oder sollte man sich bei dieser Gelegenheit
besser an Edmund Husserl (1859–1938) halten, dessen Wissenschaftsverständnis
und Wissenschaftskritik von Thesen wie der geleitet wird: „Das Wissen von
der objektiv-wissenschaftlichen (Welt – J. R.) 'gründet' in der Evidenz der (alltäglichen – J. R.) Lebenswelt. Sie ist dem wissenschaftlichen Arbeiter bzw. der
Arbeitsgemeinschaft vorgegeben als Boden, aber, auf diesem bauend, ist doch das
Gebäude ein neues, ein anderes" (KR 133). Diesen *inneren*, nicht vollends abzu-
streifenden Zusammenhang theoretischer Gedankengebäude mit Strukturen,
Prozessen, nicht zuletzt mit Interessen in der Lebenswelt des Alltags, hat Husserl
sogar als eine Bedingung und nicht als einen automatischen Störfaktor für die
Erzielung systematischen Wissens behandelt. Zudem ist es empfehlenswert, es sich
selbst mit der Lehre von Max Weber nicht ganz so einfach zu machen wie mitunter üblich. Denn für ihn verfährt bekanntlich die wertfreie Wissenschaft grundsätzlich *wertbezogen* und wissenschaftliche Objektivität verträgt sich nach seiner
Auffassung ganz und gar nicht mit Gesinnungslosigkeit (GWL 157; s.u. Kap. 6). Die
entscheidende Frage bleibt jedoch: Ist die Dichotomiethese so zu lesen, dass *überhaupt kein innerer* Zusammenhang zwischen Wertideen und Feststellungen über
„die Empirie" besteht und vor allem nicht bestehen darf, will man ideologische
Gedanken vermeiden? Denn daraus, dass Hume das praktische Enthymem, also
das Einschmuggeln von Wertprämissen in scheinbar „reine" Tatsachenaussagen
als verderblich aufspießt, lässt sich *nicht* fraglos schließen, dass es überhaupt keine
sinnvollen Tatsachenaussagen gibt, die *innere* Zusammenhänge mit Wertideen und
Interessen in der Gesellschaft „draußen" aufweisen. Es ist auch nicht vorentschie-
den, ob das Aufdecken eines solchen impliziten Zusammenhanges ausnahmslos
in der Aufdeckung einer Ideologie ausmünden muss. Energischen Zweifel an der
wirklich radikal gefassten Dichotomiethese haben in jüngster Zeit – neben den
Mitgliedern der sog. „Edinburgher Schule" (s.u. Kap. 6) – z. B. Hilary Putnam und
Andrew Sayer angemeldet (vgl. Kap. 5).

(3) Das Problem der Wertgeltung. Was sind das für „Gegenstände", die „Werte"?
Ganz gewiss keine Objekte wie ein Festkörper. Trotzdem sind sie „da". Sie existieren
und machen sich mitunter so unangenehm bemerkbar wie eine handfeste Wand,
gegen die man rennen kann. Karl Raimund Popper (1902–1994) beispielsweise trifft
eine Unterscheidung zwischen „Naturgesetzen" (die in der Form von
Tatsachenaussagen wiedergegeben werden) und „normativen Gesetzen." Worin
besteht ihr ontologischer Unterschied? Ein Naturgesetz, sagt Popper, „beschreibt
eine strikte, unveränderliche Regelmäßigkeit, die entweder tatsächlich in der Natur

besteht (in diesem Fall ist das Gesetz ein wahrer Satz) oder nicht besteht (in diesem Fall ist es falsch)." Demgegenüber beschreibt ein normatives Gesetz, „keine Tatsache, sondern legt Richtlinien für unser Verhalten fest".[3] *Nomos* bedeutet im Griechischen sowohl das Naturgesetz als auch das Rechtsgebot. Die gleichlautende Verwendung des Gesetzesbegriffes kann daher leicht in die Irre führen. Meistens wird im Falle der Naturgesetze – wie bei David Hume oder Karl Raimund Popper – davon ausgegangen, sie bezögen sich auf *Regelmäßigkeiten* des Geschehens „draußen" in der Natur oder „drinnen" im Organismus. Menschliche Gesetzgebung basiert hingegen auf verpflichtenden oder normativen Sinngehalten, die ein regelmäßiges Handeln der Adressaten im Gefolge haben sollen oder zulassen. Genauer gesagt: Es handelt sich bei ihnen um Wertideen, also um Normen, Regeln und Kriterien. In der Unterscheidung zwischen Regelmäßigkeit und Regel steckt natürlich ebenfalls der Unterschied zwischen *Sein* und *Sollen* (fact and value). Regelmäßigkeiten sind tatsächlich feststellbar oder können vermutet werden. Sie bedeuten mithin oftmals ein Fakt. Normen, Regeln und Kriterien stellen hingegen „Richtlinien" dar, die unser Denken und Handeln in eine bestimmte Richtung lenken *sollen* und/oder ausdrückliche Erlaubnisse (z. B. in der Form von Rechten der verschiedensten Art) festlegen. Der Unterschied zwischen Sein und Sollen wird des Öfteren auch als der zwischen „Faktizität und Geltung" beschrieben.[4] Wertideen „gelten" somit oder „gelten nicht". Mit dieser Unterscheidung ist zweifellos eine ganze Reihe von Problemen verbunden. Aber vielleicht wird man sie schlicht und einfach los, wenn man davon ausgeht, moralische Maximen seien nichts als das Ergebnis einer Art darwinistischen Ausleseprozesses? Das kann heißen: Nur diejenigen Orientierungen setzen sich im tatsächlichen Lebenskampf durch, welche eben dieses Leben in Gang halten und fördern. Allerdings taucht damit das Problem auf, dass die Evolutionstheorie zwar Entwicklungsgesetze der Gattung formuliert, aber z. B. „survival of the fittest" wahrlich kein von normativen Qualitäten freier Satz ist. Oder bedeutet „Überleben" (z. B.) nur behavioristisch: „Ist immer noch beim Vollzug von Bewegungen in Raum und Zeit beobachtbar"? Gleichwohl sehen sich verschiedene Ansätze im Einklang mit Darwins Lehre, wenn sie den Versuch machen, Geltung logisch auf Faktizitäten zu *reduzieren*. Eine spezifische Variante dieser Auffassung vertritt (bis zu einem gewissen Punkt) zum Beispiel Gustav von Schmoller (1838–1917), der Hauptkontrahent von Max Weber im Werturteilsstreit in der deutschen Soziologie am Ende des 19. und zu Beginn des 20. Jhs. Für ihn ist

---

[3] K. R. Popper: Die offen Gesellschaft und ihre Feinde, Band 1, Bern 1957, S. 91ff.

[4] Vgl. z. B. J. Habermas: Faktizität und Geltung. Beiträge zur Diskurstheorie des Rechts und des demokratischen Rechtsstaats, Frankfurt/M 1992.

die verbindliche „Geltung" von allgemeinen Wertideen allem Anschein nach eine
Funktion des historischen Prozesses fortschreitender Entwicklung der
Menschengattung: „Die Wertgefühle wie die Werturteile können irren; aber die
Kulturentwicklung, die Arbeit aller Religionen und aller Wissenschaften, aller Sitten
und allen Rechts hat die Wertgefühle und Werturteile auf allen Lebensgebieten nach
und nach immer mehr geläutert, zu immer richtigeren Wegweisern des Lebens-, des
Gesellschaftsförderlichen gemacht."[5] Eine mögliche universelle Geltung von
Wertideen erwiese sich somit als Produkt der sozialen Evolution der Menschheit.
Dementsprechend vertritt Schmoller die These: Wie verschiedenartig z. B. religiöse
Auffassungen auch sein mögen, im Verlauf der Jahrtausende habe die „zunehmende
sprachliche und geistige, politische und wirtschaftliche Vergesellschaftung der
Menscheit immer größere Kreise einheitlicher Religionen, zuletzt eine kleine Zahl
Weltreligionen geschaffen, von denen alle in gewissen Punkten, mehre in den
Hauptpersonen übereinstimmen."[6] Und Menschen stimmen zunehmend überein,
dann und weil das für ihr Überleben und Zusammenleben gedeihlich ist. Bei diesem
Beispiel scheint die These allerdings auf eine „historistische" Weise darauf hinaus zu
laufen, „gelten" bedeute so viel wie „empirisch" bzw. „geschichtlich" bei signifikant
zahlreichen Menschen in irgendeinem sich erweiternden Kulturkreis *tatsächlich in
Kraft zu sein.* Dies wiederum kann auch so gelesen werden: Die Normen, Regeln
und Kriterien werden – aus welchen Gründen auch immer – von der Mehrzahl der
Menschen *faktisch* in einer Gesellschaft mehr oder minder konsequent und nachhaltig beachtet (Rousseaus *volonté de tous* geht in die nämliche Richtung). Sofort tut
sich wieder jenes uralte Problem auf, womit sich schon Aristoteles auseinanderge-
setzt hat: Aber es gibt doch Normen und Regeln, die z. B. als Recht empirisch in
Kraft sind (positives Recht) – d. h.: die Leute halten sich an einigermaßen daran –,
die aber dennoch als Unrecht bewertet (kritisiert) werden können! Diese Kritik ist
ihrerseits nur möglich, wenn es „überpositive", universell für alle Menschen gel-
tende Prinzipien gibt. Deswegen macht z. B. Hegel einen Unterschied zwischen
Vernunftrecht und positivem Recht: „Diese Gesetze (des positiven Rechts – J. R.)
sind insofern positiv, als sie ihre Bedeutung und Zweckmäßigkeit in den
Umständen, somit nur einen historischen Wert überhaupt haben, deswegen sind sie
auch vergänglicher Natur" (RPh § 3; Herv. i. Org.). Aber nicht so sehr ihre
Vergänglichkeit,   sondern   der   Sachverhalt,   dass   akzeptierte   rechtliche

---

[5] Zitat bei G. Albert: Der Werturteilsstreit, in: G. Kneer und St, Moebius: Soziologische
Kontroversen. Beiträge zu einer anderen Geschichte der Wissenschaft vom Sozialen, Berlin
2010, S. 25.
[6] Zitat Schmoller in a.a.O.; S. 23.

Normierungen (am Vernunftrecht gemessen) wie zum abschreckenden Beispiel das Nazi-Recht „in Wahrheit" Unrecht sein können, macht den Kern aller Vorbehalte aus: „ … eine Rechtsbestimmung kann sich aus den *Umständen* und *vorhandenen* Rechts-Institutionen als vollkommen *gegründet* und *konsequent* zeigen lassen und doch an und für sich unrechtlich und unvernünftig sein …" (ebd.). Das Verhältnis zwischen positivem Recht und Naturrecht (Vernunftrecht) ist und bleibt ein Problem! Im Falle vernunftrechtlicher Positionen erhält „geltend" jedenfalls die Bedeutung rational begründeter (durch vernünftige Überlegung begründbarer) Geltungsansprüche von Wertideen gegenüber Gesinnungen und Handlungen *aller* Menschen (Universalismus). Dieser Status wird bekanntlich dem Gebot der Achtung der Menschenwürde in Grundrechtskatalogen der Verfassung moderner demokratischer Staaten beigemessen.

(4) Das Problem der subjektiven oder objektiven Wertprädikationen. „Wert" als Substantiv bereitet auf den ersten Blick nicht die ganz großen Probleme. Es ist gewiss nicht abwegig, darunter schlicht und einfach Güter zu verstehen. Was aber macht sie ausgerechnet zu „Werten"? (Kap. 1) Die Frage, wie das Verhältnis von tatsächlichen („objektiven") Werteigenschaften zu „subjektiven" Wertschätzungen zu bestimmen sei, führt wieder mitten in die Zone energischer Kontroversen. Man kann die vorfindlichen Antworten in einem Spektrum zwischen zwei Eckpunkten abtragen: Am einen Ende stehen „objektive" Wertprädikationen, am anderen „rein subjektive":

a) „Wahrheit" ist ein Wert, der sowohl im Alltag als auch in den Wissenschaften eine zentrale Rolle spielt. Woran „haftet" er? Ein klassisches Argument zugunsten der Objektivität dieses Wertes findet sich bei H. Rickert, aber auch bei Ludwig Wittgenstein: „Die Frage, ob der an einem Satz haftende theoretische Wert gilt, ob, wie man gewöhnlich sagt, der Satz wahr ist, wird niemand für gleichbedeutend halten mit der Frage, ob diese Geltung faktisch anerkannt ist, ob man den theoretischen Wert auch wirklich wertet" (PhA 14). Sätze haben demnach einen *objektiven* Wahrheitswert (wahr oder falsch). Dieser besteht unabhängig davon, ob der Sprecher den entsprechenden Satz *subjektiv* für wahr hält oder nicht. Der mit einer Assertion erhobene Wahrheitsanspruch des Sprechers muss also nicht zwangsläufig gleich dem Wahrheitswert seiner Aussage sein. Ähnlich verhält es sich in der Mathematik: Die prägnante Feststellung $2 \times 2 = 4$ gilt fest und sicher aufgrund der „Gesetze" (Axiome) der Mathematik und ist kein Ausdruck irgendwelcher empirisch-psychologischer (oder hirnphysiologischer) Gesetzmäßigkeiten. Diese Auffassung vertreten jedenfalls die meisten Logiker – so z. B. der Logiker und Mathematiker

Gottlob Frege (1848–1925). Wie im Kap. 1 gesagt: Wie immer sie im Einzelnen auch bestimmt werden, es macht trotzdem keinen guten Sinn, diese „objektiven" Werteigenschaften naturalistisch zu interpretieren. Die *natürlichen* (physikalischen oder physiologischen) Eigenschaften einer Gegebenheit (wie z. B. die Farbe von x) sind von ihren *normativen,* gleichwohl objektiven Werteigenschaften wie „wertvoll" oder „gut" zu unterscheiden. Für Verteidiger objektiver Wertprädikationen gibt es also durchaus Fälle, wobei es sinnvoll ist, „Wert" als ein tatsächliches (wenn auch nicht-naturalistisches) Merkmal von Sachverhalten zu behandeln. Auch wenn das theoretisch strittig sein mag (s.u.), wir sind es beispielsweise alltagssprachlich gewohnt, einem Produkt selbst (via Preis) die Tauschwerteigenschaft zuzuschreiben. Es gibt allerdings auch streng *naturalistisch* (z. B. darwinistisch) – und in diesem Sinne ebenfalls „objektiv" – ausgerichtete Werttheorien.

b) Gleichsam in einem Mittelbereich des Wertdiskurses befindet sich der Begriff des „Gebrauchswertes". Ein Produkt *hat* (u. U.) einen Gebrauchswert. Doch lässt sich an dieser Kategorie auch ablesen, wie schnell man in das Minenfeld der Auseinandersetzungen über das Verhältnis von subjektiven und objektiven Wertprädikationen stolpern kann. Der Gebrauchswert stellt sich auf den ersten Blick schlicht und einfach als eine Eigenschaft dar, die Dingen oder Diensten von Hause aus oder nach entsprechender Bearbeitung „objektiv" (tatsächlich) zukommt. Die Frucht ist genießbar. Sie *ist* nicht giftig. Doch diese Qualität kann ihr nicht unabhängig von unseren „subjektiven" Bedürfnissen zugeschrieben werden. Das Messer *ist* scharf. Es wurde zum subjektiven *Zwecke* besserer Schnittigkeit geschliffen. Gebrauchswerte weisen (z. B. physikalische) Eigenschaften „an sich" auf, die jedoch „für uns" aufgrund unserer Bedürfnisse und Zielsetzungen relevant sind. „Die Nützlichkeit eines Dings macht es zum Gebrauchswert" (MEW 23; 50).

c) Am anderen Ende des Spektrums lagern rein *subjektive Wertvorstellungen.* Natürlich leugnet niemand, dass sich an nicht-normativen (z. B. physikalischen) Eigenschaften von Sachverhalte die verschiedensten „subjektiven" Bewertungen von Personen und Gruppen festmachen können. Der Verzehr proteinhaltiger und insofern objektiv nahrhafter Insekten etwa ist eine Geschmackssache – oder der Not der Situation geschuldet. Streng subjektivistische Werttheorien gehen jedoch davon aus, dass etwas *ausschließlich* dadurch wertvoll ist, dass „wir" dem x die Eigenschaft „wertvoll" nicht zuletzt auf dem Hintergrund unser Vorlieben und Abneigungen (Präferenzen) zuschreiben.[7] Wertvoll wäre damit all das, was

---

[7] Hier könnte man durchaus Verbindungslinien zu Webers These ziehen, dass wir bestimmten Phänomenen "Kulturbedeutung" beilegen.

wir auf der Grundlage individueller Neigungen als „wertvoll" empfinden und/
oder „definieren". „Die Auszeichnung, die durch ein Wertbegriffsprädikat einem
Gegenstand verliehen wird, beruht darauf und bezieht sich darauf, dass er
dadurch in *seinem Verhältnis zu unserer Stellungnahme charakterisiert* wird."[8] Es
ergibt sich ein rein *subjektiver Wertbegriff.* Damit taucht aber ebenso schlagartig
wieder einmal die so gern elegant überspielte Frage auf, wer denn wohl „wir"
sind, die diese Bewertungen vornehmen? „Wir" – die einzelnen Individuen mit
ihren Eigenheiten? „Wir" – die Mitglieder einer bestimmten Gruppe? „Wir" – die
Mitglieder einer bestimmten Gesellschaft bzw. Kultur? – „Wir" als Angehörige
einer Epoche? „Wir" – als Exemplare der Gattung Mensch? Ist der
Geltungsanspruch dieser Wertschätzungen immer nur „relativ" zu einer dieser
vielen Erscheinungsformen des „Wir" – mit Ausnahme universalistischer Bezüge
auf „uns" als Menschengattung – zu beurteilen? Das leidige Relativismusproblem
erscheint erneut in seinen bunten Gewandungen auf der Bühne.

Die Spannung zwischen diesen verschiedenen, wenn nicht gegensätzlichen
Standpunkten schlagen sich auch in Kernvorstellungen von Theorien über die
Wertgenese nieder.

---

[8] V. Kraft: Wertbegriffe und Werturteile, in H. Albert/E. Topitsch (Hrsg.): Werturteilsstreit, 3. Aufl., Darmstadt 1990, S. 58f. a.a.O.; S. 50. (Herv. i. Original).

Grundvorstellungen von der Wertentstehung

4

Die *Arbeitswerttheorie* von David Ricardo sowie ihre Kritik durch Karl Marx gelten als die klassischen Beispiele für eine *objektive* Wertlehre in der Sozialphilosophie und Wirtschaftstheorie. Sie wird momentan – mit Ausnahmen wie sie etwa die Vertreter der sog. „neuen Marx-Lektüre" (Elbe, Heinrich u. a.) oder des „Neo-Ricardianismus" (P. Sraffa, B. Schefold u. a.) repräsentieren – nicht annähernd mehr mit der Leidenschaft (und Leidensbereitschaft) diskutiert wie in den 60 und 70er Jahren des vorigen Jahrhunderts z. B. an den Universitäten Westdeutschlands. Beim *Nutzenparadigma* der neo-klassischen Nationalökonomie sieht das ganz anders aus. Es bedeutet *das* Exempel für eine *subjektive* Wertlehre, die bis auf den heutigen Tag einen nachhaltigen Einfluss auf die Wirtschaftstheorie und die Wirtschaftspolitik in vielen Ländern nicht nur „des Westens" ausübt.[1] Sie nimmt eine geradezu hegemoniale Stellung an den bundesrepublikanischen Akademien ein und zeichnet sich nicht selten durch einen Dogmatismus aus, der dem orthodoxer Marxisten-Leninisten nicht sonderlich nachsteht. Der wirtschaftspolitische Einfluss der Neo-Klassik hat jedoch aufgrund ihrer Anteile an der jüngsten Banken- und Schuldenkrise zu einer Verbreitung von Vorbehalten gegenüber dieser Lehre und dem mit ihr einhergehenden theoretischen und politischen Marktradikalismus geführt. Arbeitswertlehre und neo-klassische Nutzentheorie stellen die prominentesten, wenn auch nicht die einzigen Wirtschaftstheorien dar, denen man Kernvorstellungen über die Wertgenese entnehmen kann.

---

[1] Der Begriff „Neo-Klassik" ist etwas irreführend, weil er nach der Erneuerung der Lehre der klassischen politischen Ökonomie von Smith oder Ricardo klingt. Doch vieles von dem, was die klassische politische Ökonomie charakterisierte, z. B. – wie im Falle von Bentham oder Smith – die gleichsam selbstverständliche Verbindung mit der Ethik wird hinter sich gelassen. Die Neo-Klassik stützt sich nicht zuletzt auf die Grenznutzenlehre und die Maximierungsregel (s.u. S. 29ff.).

J. Ritsert, *Wert*, DOI: 10.1007/978-3-658-02194-8_4,
© Springer Fachmedien Wiesbaden 2013

4.1   Zu einigen Kernvorstellungen der Arbeitswerttheorie

Im Verlauf der Geschichte und nicht zuletzt im Zuge der Entwicklung der technischen und intellektuellen Produktivkräfte haben sich die konkreten Erscheinungsformen und Resultate der individuellen und kooperativen Arbeitsvollzüge von Menschen immer wieder ganz erheblich verändert. Dennoch lässt sich auf einer ganz allgemeinen Ebene der Geschichtsbetrachtung feststellen, der bis zu Beginn unserer modernen industriellen Zeiten vorherrschende Typus abhängiger gesellschaftlicher Arbeit ist die Landarbeit gewesen. (Wenn auch Handel und Handwerk ebenfalls schon sehr früh in der Geschichte eine erhebliche Rolle spielten). Von der neuzeitlichen Industriearbeit wurde sie jedoch immer weiter in den Hintergrund gedrängt. (In der jüngeren Vergangenheit verdrängen bekanntlich Dienstleistungen ihrerseits die Industriearbeit bis zu einem gewissen Grade). Die verschiedenartigen Zwecktätigkeiten der Menschen für ihren Lebensunterhalt lassen sich auch als Aktionen zur Herstellung von Gütern und zur Erbringung von Diensten, d. h.: zur Erzeugung von *Gebrauchswerten* beschreiben. Gebrauchswerte schaffende Arbeit wurzelt in einer *bestimmten* Zwecktätigkeit. Sie mündet (etwa als Schreinerarbeit) gemeinhin in einem *konkreten* Produkt (etwa einem Schrank) oder in einer *spezifischen* Dienstleistung aus. Wie historisch verschiedenartig die menschlichen Zwecktätigkeiten auch aussehen mögen, bis in unsere Tage hinein kann man sich des verblüffenden Sachverhaltes versichern, dass *körperliche und geistige Arbeitskraft überhaupt* aufgewandt werden muss, um all das zu produzieren und zu reproduzieren, was wir so brauchen.[2] Sieht man, so argumentiert Marx eingangs im >Kapital< (MEW 23; 52ff.), vom Gebrauchswert einer Ware, damit vom konkret nützlichen Charakter der Arbeitsergebnisse ab, dann sind und bleiben Waren immer noch das Resultat der Verausgabung menschlicher Arbeitskraft überhaupt. Sie stellen ein Produkt, etwas durch Zwecktätigkeit überhaupt Hervorgebrachtes dar. Dass sich die Arbeit im Zuge der Herstellung handfester Produkte bestimmter technischer Mittel bedienen muss und oftmals die Verwendung spezifischer Naturstoffe und/oder Vorgefertigtes („Halbfabrikate") voraussetzt, versteht sich von selbst. Dieser Tatbestand gilt ebenfalls für alle Zeiten. Mit der Entstehung und Ausdehnung der kapitalistischen Gesellschaftsformation kommt es jedoch zu einer epochalen

---

[2] „Als zweckmäßige Tätigkeit zur Aneignung des Natürlichen in einer oder der anderen Form ist die Arbeit Naturbedingung der menschlichen Existenz, eine von allen sozialen Formen unabhängige Bedingung des Stoffwechsels zwischen Mensch und Natur" (KPÖ 32).

Veränderung vor allem der sog. „abhängigen" Arbeiten. Damit sind diejenigen Arbeitsvollzüge gemeint, welche in einem Surplusprodukt ausmünden, das von Herrenklassen appropriiert wird. Die Arbeitskraft, die in den Agrargesellschaften in der überwiegenden Mehrzahl der Fälle in unmittelbarer persönlicher Abhängigkeit von den verschiedenen Typen der Landherren, oftmals von Sklaven, Leibeigenen oder hörigen Mägden und Knechten, verausgabt wurde, wird mit dem Beginn der modernen kapitalistischen Gesellschaft *selbst zur Ware*. Es ist keine Naturtatsache, aber inzwischen eine Selbstverständlichkeit: Diese Ware muss auf „Arbeitsmärkten" gegen Lohn an diejenigen verkauft werden, welche über die verschiedenartigen Produktionsmittel und Produktionsbedingungen verfügen. Die Struktur gesellschaftlicher Ungleichheit fällt in der jeweiligen geschichtlichen Situation natürlich entschieden komplexer aus als sie sich durch solche grob zusammenfassende Vokabeln wie etwa „Grundherrschaft" erfassen lässt.[3] Das gilt auch für die moderne kapitalistische Gesellschaft. Dennoch macht es Sinn, deren epocheprägendes Produktionsverhältnis als das von „Lohnarbeit und Kapital" zu beschreiben – auch wenn es heutzutage eher mit Hilfe von Kategorien wie „Arbeitgeber und Arbeitnehmer" oder „Betrieb und Haushalt" geglättet wird. Derartige Gegenüberstellungen von Großgruppen reichen jedenfalls aus, um die Kernstruktur der Produktionsverhältnisse ganzer Epochen auf einem zweifellos äußerst hohen Niveau der Abstraktion idealtypisierend zusammenzufassen. Wie erbittert die Kontroversen über die Stichhaltigkeit oder Unbrauchbarkeit der „objektiven" Arbeitswerttheorie von Marx auch geführt wurden und werden, wenig Zweifel kann daran bestehen, dass sie nicht unabhängig von einigen seiner weitergehenden Annahmen über die Entstehung und Entwicklung des Produktionsverhältnisses (Klassenverhältnisses) von „Lohnarbeit und Kapital" zu verstehen ist.[4] In Stichworten:

1. Im Zuge der Herausbildung der frühen kapitalistischen Gesellschaft werden zahllose Arbeitskräfte von Grund und Boden (gewiss auch aus den

---

[3] Vgl. auch J. Ritsert: Schlüsselprobleme der Gesellschaftstheorie. Individuum und Gesellschaft – Soziale Ungleichheit – Modernisierung, Wiesbaden 2009, S. 370ff. Ausführlicher: Chr. Resch und H. Steinert: Kapitalismus, Münster 2009 und James Fulcher: Kapitalismus, Stuttgart 2007, jüngst J. Vogl: Das Gespenst des Kapitals, Zürich 2010/2011.

[4] Als mehr in Details gehende Untersuchung s. z. B. M. Heinrich: Kritik der politischen Ökonomie. Eine Einführung, Stuttgart 2005 (3. Auflage). Noch ausführlicher M. Heinrich: Die Wissenschaft vom Wert. Die Marxsche Kritik der politischen Ökonomie zwischen wissenschaftlicher Revolution und klassischer Tradition, Hamburg 1991. 2. durchgesehene Auflage, Münster 2001.

persönlichen Abhängigkeiten von klassischen Grundherren) „befreit" und in die Vagabundage, die Armenhäuser und nicht zuletzt in die Manufakturen und Fabriken getrieben. Die zur Ware gewordene Arbeitskraft muss nun von ihren Besitzern auf „Arbeitsmärkten" gegen Lohn an diejenigen verkauft werden, welche über die verschiedenartigen Produktionsmittel und Produktionsbedingungen des entstehenden und trotz seiner immanenten Krisen immer fester bestehenden kapitalistischen Systems verfügen.

2. Konkrete Eigenschaften und Entwicklungen des gesellschaftlichen Prozesses der Warenproduktion mit seiner immer feinkörniger werden Arbeitsteilung mögen zwar in manchen Hinsichten geplant sowie die Konsequenz von pfiffigen technischen Erfindungen sein, aber seine Ausbreitung weist zugleich den Charakter eines eigensinnigen sozialen Vorganges auf, welcher auf das Leben zahlloser Menschen einwirkt und/oder es mit ungeplanten Nebenfolgen beeinflusst, wenn nicht völlig umkrempelt. Durch diesen mit eigenständigen Wirkungsmöglichkeiten, gleichsam wie eine „zweite Natur" (Hegel) auf Individuen und Gruppen einwirkenden Vorgang wird in der Neuzeit (u. a.) Schritt für Schritt Vieles von den „allseitigen Fertigkeiten" eines Individuums realiter weggenommen (abstrahiert) und auf *spezielle* Talente reduziert. „Abstraktion" bedeutet in diesem Falle also einen *wirklichen* gesellschaftlichen Prozess der Zergliederung und Spezialisierung.[5]

3. Man kann auch sagen: Zu „Abstraktionsprozessen" in der gesellschaftlichen Wirklichkeit des Kapitalismus gehören Vorgänge einer „Reduktion von Komplexität". Das bedeutet die Zurückführung von mannigfaltigen Bestimmungen auf einige wenige Merkmalsdimensionen als ihren Einheitsgrund. Die Wahl des Abstraktionsbegriffes bei diesen Gelegenheiten basiert selbstverständlich auf einer Analogie zur Logik der Begriffsbildung. Für die Bildung allgemeiner Begriffe sind Schritte des *wirklichen* aber kognitiven (subjektiven) Absehens von Merkmalen der einzelnen Sachverhalte maßgebend. Wie sieht das aber bei der ökonomischen Wertgenese aus? Passt die sozialökonomische Analogie zur Logik? Dabei geht es letztendlich um die Beantwortung der Frage: Was macht die Mannigfaltigkeit der Gebrauchswerte mit ihren verschiedenen Qualitäten überhaupt erst in welcher abstrakten Dimension auf die Weise vergleichbar, dass sie in rechnerisch genauer bestimmten quantitativen Proportionen ausgetauscht werden können? Was also ist der Quell der Tauschwerte?

---

[5] Deutliche Hinweise auf den Prozess der „Abstraktion" des Arbeitsvermögens finden sich schon in der „Jenaer Realphilosophie" von Hegel sowie in seiner Rechtsphilosophie.

4. Ähnlich wie Kant mit seiner Schlüsselthese über praktische Vernunft, dass sich eine universelle moralische Norm nicht aus der Vielfalt, Heterogenität, Vagheit, Veränderlichkeit und Gegensätzlichkeit der konkreten Neigungen von Menschen ableiten oder sonst wie logisch darauf gründen lässt, argumentiert Marx im Hinblick auf die politische Ökonomie: Da die physikalischen Eigenschaften der Waren ob ihrer bunten Mannigfaltigkeit keine einheitliche und praktikable Vergleichs- und Messdimension liefern können, die sie in Proportionen austauschbar macht, bleibt allem Anschein nach nur eines übrig: „Sieht man (kognitiv; theoretisch! – J. R.) vom Gebrauchswert der Warenkörper ab, so bleibt ihnen nur noch eine Eigenschaft, die von Arbeitsprodukten" überhaupt (MEW 23; 52). Mithin kann nicht eine der verschiedenen qualitativ bestimmten und konkret nützlichen Arbeiten als Grund der Wertgenese ausgezeichnet werden, sondern nur Arbeit überhaupt. Gemeint ist der zur Herstellung einer Ware *im gesellschaftlichen Durchschnitt notwendige Aufwand abstrakter Arbeitskraft in der Zeit.* (Im gesellschaftlichen Durchschnitt deswegen, weil sonst das Argument gelten würde, je länger einer arbeitet, desto wertvoller ist sein Produkt).[6] Was das „Abstrakte" an der durchschnittlich gesellschaftlich notwendigen Arbeit sei, darüber gibt es eine lange und von Nettigkeiten durchzogene Diskussion in der marxistischen Literatur. Nur so viel sei ganz vorsichtig angedeutet: (a) In der Moderne schreitet die Arbeitsteilung immer weiter voran. Die Arbeit wird immer „abstrakter" im Sinne von „spezialisierter". Die allseitigen Fertigkeiten des Handwerkskünstlers etwa werden auf spezielle Talente reduziert. Das bedeutet einen sozialen, *realen* und damit keinen rein kognitiven Prozess (wie im Falle der sprachlichen Merkmalsabstraktion bei der Begriffsbildung)! (b) Der immensen Bedeutung und Ausdehnung der Austauschsphäre wegen arbeitet heutzutage in der Realität kaum noch jemand hauptsächlich für sich selbst, sondern allemal für unbestimmt (abstrakt!) viele andere. (c) Umgekehrt ist er auf Arbeitsergebnisse unbestimmt (abstrakt) vieler anderer angewiesen. (d) Entscheidend für die Arbeitswertlehre von Marx ist jedoch eine These, der Adorno die folgende Kurzfassung verleiht: „Der Tausch ist selbst ein Abstraktionsprozess. Ob es die Menschen wissen oder nicht, indem sie in die Tauschbeziehung eintreten und verschiedene Gebrauchswerte auf Arbeitswert reduzieren, dadurch haben sie eine (quasi – J. R.) begriffliche Operation real gesellschaftlich vollzogen."[7] Ob

---

[6] Das Verhältnis einfacher zu komplexer (höher qualifizierter) Arbeit bei Marx ist ein bekanntes Problem für sich.
[7] H. G. Backhaus: Dialektik der Wertform, a.a.O.; S. 502f.

sie es wissen oder nicht. Es handelt sich also um einen tatsächlich ablaufenden sozialen *Prozess.*

5. Von *kognitiven* Abstraktionsschritten ausgehend, die zum Begriff der „durchschnittlich notwendigen Arbeitszeit" führen, entwickelt Marx weitere Implikationen des Wert- bzw. Tauschwertbegriffes. Sie wurzeln in jener zentralen Annahme: Der letzte *gesellschaftliche Grund* des Wertes einer Ware ist bei dem im gesellschaftlichen Durchschnitt notwendigen Aufwand an abstrakter Arbeitskraft in der Zeit zu suchen und zu finden. „Als Kristalle dieser ihnen gemeinschaftlichen gesellschaftlichen Substanz sind sie Werte – Warenwerte" (MEW 23; 52). Arbeitskraft wird auch von Nicht-Marxisten zweifelsfrei in der Zeit verausgabt. Diese für die Erzeugung eines Produkt oder die Erbringung einer Dienstleistung im gesellschaftlichen Durchschnitt aufzubringende *Zeit* stellt in der Kritik der politischen Ökonomie die quantifizierbare Vergleichsdimension für die an sich so völlig verschiedenartigen Gebrauchswerteigenschaften der Waren dar. „Ökonomie der Zeit, darin löst sich schließlich alle Ökonomie auf" (GR 89). Wie sehr dieser Befund auch und gerade für unsere Tage gilt, das belegen Maßnahmen zur „Rationalisierung" von Arbeitsvollzügen, das Management der Logistik „just in time", die fortbestehenden Konflikte über die Länge der Arbeitszeit für Lohnarbeiter, die Forderung nach beschleunigter Kreditgewährung oder nach unverzüglicher Reaktion von Behörden bei ihren Verwaltungsakten usw. usf.

6. Vom Kapitalverhältnis (*Lohnarbeit und Kapital*) als Kernstruktur der kapitalistischen Gesellschaft ausgehend entwickelt Marx dann seine von Liberalen und Liberalisten gleichermaßen verabscheute herrschaftskritische Lehre vom Wert *als Mehrwert*: Ein Teil der Ergebnisse des Einsatzes abhängiger Arbeitskräfte wird „bestimmt durch die zur beständigen Reproduktion des Arbeiters selbst erheischte Arbeitszeit, aber seine Gesamtgröße wechselt mit der Länge oder Dauer der Mehrarbeit" (MEW 23: 246). Als „Surplusprodukt" bezeichne ich denjenigen Teil des gesellschaftlichen Mehrprodukts (Nettosozialprodukts), welcher von (mindestens) einer Klasse (aber nicht von den eigentlichen abhängig Produzierenden!) eingestrichen werden kann. Aufgrund ihrer Machtposition (insbesondere aufgrund ihrer Möglichkeiten, die Produktionsmittel zu kontrollieren) können die Kapitalherren den erzielten Mehrwert *appropriieren.* D. h.: Sie können den entscheidenden Gebrauchswert der Arbeitskraft, der darin besteht, Werte über die für ihre „beständige Reproduktion" notwendige Zeitspanne hinausschaffen zu können, gegen einen Lohn kaufen, der nur dem Anschein nach ein Äquivalent für die *Gesamt*arbeitszeit darstellt, welche die Masse der abhängig Arbeitenden

verausgabt.[8] Dabei stellt die Lage des Grenzbereiches zwischen notwendiger Arbeitszeit und Surplusarbeitszeit vor allem eine Funktion des historischen Standes der gesellschaftlichen Auseinandersetzungen zwischen „Arbeitgebern und Arbeitnehmern" dar. Arbeitsleistungen werden im Kapitalismus in erster Linie von Menschen vollbracht, die in privaten Haushalten leben und ihre Arbeitskraft in irgendwelchen „Betrieben" (im weitesten Sinn des Wortes), also an anderen Orten als dem Familienhaushalt (*oikos*) unter dem Kommando von „Führungskräften" verausgaben.

7. Die maßgebliche Zielsetzung der „Betriebsführung" im Kapitalismus ist es jedoch, den Wert zu verwerten, also mehr aus dem vorgeschossenen (investierten) Geld zu machen. Es geht darum, einen Gewinn in seiner modernen Erscheinungsform als *Profit* zu erzielen. Ohne dessen halbwegs kontinuierliche Hervorbringung frisst die Konkurrenz einen Betrieb auf. Marx fasst diese Grundorientierung in der einfachen Kreislaufformel G – W – G` zusammen. „Dieses Inkrement oder den Überschuss über den ursprünglichen Wert (also G`– J. R.) nenne ich – Mehrwert (surplus value). Der ursprünglich vorgeschossene Wert erhält sich daher nicht nur in der Zirkulation (im Wirtschaftskreislauf – J. R.), sondern in ihr verändert er seine Wertgröße, setzt einen Mehrwert zu oder verwertet sich. Und dieser verwandelt ihn in Kapital" (MEW 23; 165).

8. Dieses höchst einfache Modell erweitert Marx natürlich zu differenzierteren Figuren des Gesamtkreislaufes des Kapitals. Eine ausgefächerte Darstellung der Elementarformel des kapitalistischen Gesamtkreislaufes findet sich z. B. im zweiten Band des >Kapital<. Sie reicht aus, um einen ersten Eindruck von dem zu liefern, was Marx *das Wertgesetz* nennt. Die Gesamtbewegung des Kapitals wird von ihm z. B. in der Formel G – W[Ak + Pm] … P …. W`(W + w) – G`(G + g) zusammengefasst. D. h.: Geld wird benutzt, um Waren, und zwar Arbeitskräfte (Ak) und Produktionsmittel (Pm) zu kaufen. Sie werden in Betrieben im Bereich der Produktion von Gütern und Diensten P eingesetzt. Die Unternehmen sind um Produktionssteigerung (+w) bemüht, um durch den Verkauf des erhöhten Ausstoßes an Gütern und Diensten auf Märkten mehr Geld (+g) herauszuschlagen, also den Mehrwert zu realisieren.[9] Diesen – wenn alles halbwegs glatt geht – Mehrertrag investieren die Betriebe wieder, um die Produktion weiter auszudehnen (Akkumulation). Glatt geht das natürlich nicht so ohne weiteres.

---

[8] Vgl. M. Heinrich: Kritik der politischen Ökonomie. Eine Einführung, Stuttgart 2005, S. 78ff.

[9] Die Punkte … bezeichnen Transportwege.

Eine der vielen Möglichkeiten zur Entstehung einer ökonomischen Krise, die in diesen Kreislauf gleichsam eingebaut sind, besteht darin, dass die Realisierung des Wertes und Mehrwertes auf „den Konkurrenzmärkten" niemals garantiert ist – es sei denn, ein Betrieb hätte den Status eines unregulierten Monopolisten erreicht. (Internationale Konzerne als *Oligipole* mit einem Interesse an Konzernabsprachen stellen derzeit eher den Normalfall dar).

9. Die Reduktion der Gebrauchswertfülle auf die Vergleichsdimension der Arbeitszeit stellt einen Vorgang, einen *realen sozialen Prozess* dar, der sich gleichsam „hinter dem Rücken der Akteure" abspielt. Als ein *wirklicher* Vorgang der Reduktion komplexer Merkmalsfülle auf eine abstraktere Vergleichsdimension als ihr *tertium comparationis* macht die Analogie zum kognitiven Prozess der Abstraktion bei der Begriffsbildung einen gewissen Sinn.

Man kann *den* Grundgedanken seiner Arbeitswerttheorie mit Marx nochmals so zusammenfassen: „Der Wert einer Ware verhält sich zum Wert jeder andren Ware wie die zur Produktion der einen (im gesellschaftlichen Durchschnitt – J. R.) notwendigen Arbeitszeit zu der für die Produktion der andren notwendigen Arbeitszeit" (MEW 23; 54). Natürlich bilden z. B. auch die Rohstoffe, die verarbeitet werden, eine Bedingung der Wertgenese.

Es gibt eine weitere wichtige, nicht mit der Marxschen identische Spielart der objektiven Wertlehre: Den Neo-Ricardianismus, den Piero Sraffa (1898–1983) begründet hat. Ich kann ihn hier nur erwähnen, nicht einmal umreißen.[10]

Warum uns etwas lieb und teuer ist? Die Antwort lautet im Umkreis objektiver Wertlehren, was den Wert von Produkten, insbesondere den Tauschwert von Waren angeht: Weil die überwältigende Mehrheit der Menschen ihr Leben durch den Einsatz geistiger und körperlicher Arbeitskraft in der Zeit reproduzieren muss! Ebenso oft stehen die dafür notwendigen Möglichkeiten (Land, Produktionsmittel, Arbeitsplätze) in einem sogar lebensdrohenden Ausmaß nicht zur Verfügung. Oftmals drücken die Herren beim Kampf um das Surplusprodukt die Mägde und Knechte unter das Niveau der an sich für alle verfügbaren Gebrauchswerte, das nach dem Stand der gesellschaftlichen Entwicklung derzeit erreichbaren ist (Ausbeutung). Grundsätzlich gilt: Alle Ökonomie ist Ökonomie der Zeit.

---

[10] Vgl. J. Ritsert: Der Kampf um das Surplusprodukt, Frankfurt/New York 1988, S. 156ff.

4.2   Die subjektive Werttheorie und der utilitaristische Grundsatz

Amartrya Sen bezeichnet die Kernvorstellung der für die herrschende neo-klassischen Nationalökonomie charakteristischen subjektiven Wertlehre als den *utilitaristischen Grundsatz.* „Der utilitaristische Grundsatz … beruht letztlich nur auf dem Nutzen, und selbst wenn über die Frage der Anreize instrumentelle Erwägungen ins Spiel kommen, bleibt im Grunde die Nutzeninformation die einzige Grundlage für die Bewertung von Zuständen oder die Einschätzung von Handlungen oder Regeln. Im klassischen Utilitarismus, vor allem in der von Bentham vertretenen Version, wird Nutzen als Lust, Glück oder Zufriedenheit definiert und alles wird am Erreichen dieses psychischen Zustandes gemessen. (ÖfM 75f.) Dem ist jedoch unbedingt die sog. „Maximierungsregel" hinzuzufügen: „Die utilitaristische Formel verlangt die Maximierung der Summe aller Nutzengrößen aller Menschen *zusammen genommen* …" (ER 13; Herv. i. Org.). Das klingt zwar wie ein Gebot, wird aber von Nationalökonomen geradezu wie ein anthropologisch durchgängiger Wesenszug aller Menschen behandelt, die nun einmal stets das Beste aus ihrer jeweiligen Situation herausschlagen wollen. Deswegen sieht es im nationalökonomischen Lehrbuch oftmals so aus, als sei der muntere Nutzenmaximierer eine Figur aus uralten Zeiten. „Wenn die Konsumenten ihr Einkommen ausgeben, wollen sie einen möglichst großen Nutzen damit erzielen; sie versuchen, *ihren Nutzen zu maximieren.*"[11] Alle Menschen sind und waren immer schon Betriebswirte. Denn sie betrachten alles, was ihnen so über den Weg läuft in Kategorien von optimalem Nutzen und minimalen Kosten. Der Nutzenmaximierer vereinigt vor allem zwei Seelen in seiner breiten Brust. Er tritt einerseits als *homo rationalis* (H. Simon) in der Lebensführung überhaupt, andererseits als *homo oeconomicus* auf den Märkten auf, von denen seine gesamte Existenz abhängt. Der homo *oeconomicus* als Marktgänger repräsentiert den Modellathleten der sog. „Mikroökonomie" als Theorie des Käufer- und Verkäuferverhaltens. Die vom utilitaristischen Grundsatz beeinflussten Menschenbilder in der Ökonomie weisen eine Reihe weiterer Implikationen auf: Blättert man zum Beispiel in einem der lange Zeit in der ganzen (westlichen) Welt am weitesten verbreiteten Lehrbücher der Nationalökonomie, in dem von Paul Samuelson, dann stößt man z. B. auf das für die neo-klassische Wirtschaftslehre ebenfalls zentrale Gleichgewichtskonzept. Für Samuelson ist es im Hinblick auf die Entstehung der Nachfrage nach Gütern „sicher …, dass der einzelne Verbraucher, der über ein gegebenes Einkommen verfügt und

---

[11] E. K. Hunt und H. J. Sherman: Ökonomie. Aus traditioneller und radikaler Sicht, Frankfurt/M 1974, S. 33f.

mit einer Skala von Güterpreisen zu rechnen hat, einem großen Sortiment von Endgütern gegenübersteht. Automatisch und unbewusst wird er darum abschätzen und vergleichen und sich aufgrund dessen eine für ihn 'optimale' Kombination zusammenstellen, seine sog. 'Gleichgewichtskombination'."[12] Ein *Gleichgewicht* liegt nach dieser Lehre – ganz abstrakt betrachtet – dann vor, wenn ein Akteur keinen Grund hat, seine aktuellen Lebenspläne zu ändern. Er bewertet die gegebene Lage angesichts seiner Präferenzen als das im besten Falle Erreichbare. Anders ausgedrückt: Bei einem System im Gleichgewicht befindlicher Aktionen liegt für die Beteiligten eine Situation vor, in der niemand einen Anlass hat, von seinem bisherigen Denken und Handeln groß abzuweichen. Als *homo rationalis* nimmt der mit sich im Reinen, sprich: im Gleichgewicht befindliche Modellmensch einen festen Platz in Spiel- und Entscheidungstheorien ein. Sie liefern ihrerseits hoch mathematisierte Grundlagen für die Mikroökonomie. Die vorzüglichste Erscheinungsform menschlicher Vernunft besteht für den *homo rationalis* in der größtmöglichen Effizienz seines Denkens und Handelns. „Rationale Wahl befasst sich (nun einmal – J. R.) mit der Auffindung der *besten* Mittel für vorausgesetzte Ziele" (NB 24). Eine „Verhaltenstheorie der Rationalität" (Simon) zielt offensichtlich auf eine Theorie *zweckrationalen* Verhaltens. Zweckrationalität wiederum stellt eine entscheidende Implikation des utilitaristischen Grundsatzes dar. Diese Norm begegnet uns jedoch nicht bloß in der Idealwelt der Modellmenschen. Im Gegenteil: Wir stoßen empirisch darauf einerseits als normative Grundorientierung von Akteuren, welche unter den Rahmenbedingungen und Zwängen einer Problemsituation den Einsatz von verfügbaren Mitteln und Strategien so zu steuern versuchen, dass ihre Präferenzen realisiert und/oder ihre Probleme ein Stück weit bewältigt, wenn nicht gar gelöst werden.[13] Max Weber bezeichnet diesen Standpunkt der Akteure selbst als „subjektiver Zweckrationalität". Auf der anderen Seite *bewertet* der wissenschaftliche Beobachter (Experte) den Rationalitäts- bzw. Effizienzgrad des Tuns und Lassens der Akteure nach Maßgabe des (beim gegenwärtigen Stand der Erkenntnisse) erreichbaren Niveaus erfolgreicher Problembearbeitung. In diesem Falle spricht Max Weber von „objektiver Richtigkeitsrationalität", weil er den Beobachterstandpunkt als den eines Besserwissers auszeichnet. In diesen Feldern bewegt sich auch die *Theorie rationaler Entscheidungen* (rational choice theory). Was genau sind die Erfordernisse rationaler Wahlakte und Entscheidungen? Die Antwort, womit Investmentbanker und alltagsweltliche Schnäppchenjäger bis vor kurzem ganz gut durchgekommen sind, besagt, „dass Menschen dann und nur dann rational wählen, wenn sie auf eine intelligente Weise ihr Selbstinteresse verfolgen und sonst nichts"

---

[12] P. A. Samuelson: Volkswirtschaftslehre. Eine Einführung, Köln ab 1952.

[13] Vgl. dazu J. Ritsert: Theorie praktischer Probleme, Wiesbaden 2012.

(IJ 179). Doch selbst unter Anhängern des utilitaristischen Grundsatzes sind einige seiner Implikationen nicht völlig unangetastet geblieben. So problematisiert Herbert Simon, der an sich der für die Mikroökonomie ausschlaggebenden Spiel- und Entscheidungstheorie sehr nahe steht und sie maßgeblich beeinflusst hat, sogar die Maximierungsregel! Er weist mit Fug auf den sinnfälligen Sachverhalt hin, dass die Menschen oftmals mit einem Grad der Erreichung ihrer Ziele und der Erfüllung ihrer Bedürfnisse zufrieden sind, der unterhalb des Maximums liegt. Er nennt diese Haltung „satisficing". *Satisficing* als Zufriedenheitsmanagement liest sich damit so: In Problemsituationen reicht es in der deutlichen Mehrzahl der empirischen Fälle zahllosen Akteuren aus, mit dem jeweiligen Problem vor allem durch Versuch und Irrtum einigermaßen klar zu kommen, um beglückt zu sein und dennoch als ein vergleichsweise vernünftiger Mensch zu gelten. Anders ausgedrückt: Im Unterschied zum Modellathleten des konsequenten Nutzenmaximierers aus dem Lehrbuch können wir uns im Alltag mit Resultaten weit unterhalb des Optimums zufrieden geben und einen Erfolg genießen, der gleichwohl ein „vernünftiges" Vorgehen signalisiert. Auch den einseitigen Rationalismus der Entscheidungstheorie stellt Simon in Frage: Er macht auf *Gefühle* aufmerksam, die bei rationalen Wahlhandlungen ebenfalls eine wichtige Rolle spielen. „Eine Verhaltenstheorie der Rationalität, die den Fokus der Aufmerksamkeit als eine wesentliche Determinante von Entscheidungen behandelt, trennt weder das Gefühl vom menschlichen Denken, noch unterschätzt es in irgendeiner Weise die machtvollen Auswirkungen von Gefühlen auf die Zielsetzung der menschlichen Problembewältigung" (HR 41). Das Gefühl stellt also nicht einfach den irrationalen Gegenpol zur zweckrationalen Vorteilsabwägung dar – ganz abgesehen davon, dass es *rationale* Gefühle gibt, von denen etwa Zuneigung eines darstellt.

Einige zusätzliche Implikationen des utilitaristischen Grundsatz kann man auch seiner Darstellung durch einen der prominentesten Vertreter der neo-liberalen Chicagoer Schule der Ökonomie, Gary Becker, entnehmen: „Alles menschliche Verhalten kann so betrachtet werden, dass es von Teilnehmern getragen wird, die (a) ihren Nutzen maximieren, (b) eine stabile Menge von Präferenzen formieren und (c) einen optimalen Betrag von Informationen und anderen Eingaben auf einer Vielfalt von Märkten anhäufen."[14] Die Grundstrategie des *rationalen* Einsatzes von Mitteln zur Erreichung der durch die Präferenzen festgelegten Zwecke wird hier nicht ausdrücklich angeführt. Stattdessen erwähnt G. Becker einige weitere wichtige

---

[14] Gary S. Becker: The Economic Approach to Human Behavior, Chicago 1976, S. 14. Vgl. auch A. Sen: The Idea of Justice, Chicago 2009, S. 174ff. G. S. Becker ist einer der "Chicago Boys". Er hat der Marktrhetorik, der Ausdehnung des Marktjargons, der Ausdehnung der Kosten-Nutzen-Perspektive auf alle möglichen und unmöglichen Bereiche des menschlichen Lebens entscheidenden Auftrieb gegeben.

Wesenszüge des Modellmenschen der neo-klassischen Wirtschaftstheorie: Dieser verfügt z. B. über den totalen Durchblick! Er häuft Informationen geradezu mit Lichtgeschwindigkeit an. So überschaut er in seiner Rolle als sog. „Auktionator" blitzartig das gesamte Preisgefüge und kann ebenso blitzartig den die Märkte räumenden Gleichgewichtspreis von Angebot und Nachfrage ausrufen. Als Maximierungsmensch häuft er munter die bestmöglichen Informationen an. Er weiß auch, ohne zu „googeln", schlicht und einfach Bescheid. Hinzu kommt, dass sämtliche Fassungen des utilitaristischen Grundsatzes sowohl in der Ethik als auch in der Ökonomie einen starken Akzent auf die Bewertung der *Folgen* von Handlungen setzen (Konsequentialismus). „Handlungen werden nur nach ihren Folgen beurteilt. Die Handlungen selber haben keinen moralischen Wert".[15] So ist es: Utilitaristen aller Couleur verstehen rationales Handeln im Kern als zweckrationales Handeln unter *gegebenen* Zielsetzungen. Dementsprechend sollen die hoch abstrakten Modellannahmen der Spiel- und Entscheidungstheorie mathematisch exakte Antworten auf Fragen nach einem erfolgreichen, wenn nicht unbedingt optimalen Einsatz von Mitteln *zur Erfüllung vorausgesetzter Zwecke* (unter den Rahmenbedingungen und Zwängen einer Situation) durch Akteure und Aktorgruppen bereitstellen. Der *Wert* von Handlungen lässt sich unter diesen Voraussetzungen allein an den Folgen bemessen, die sie angesichts der gegebenen Präferenzen, Ziele und Zwecke der Akteure haben. Die Vorlieben und Abneigungen, die Ziele und Zwecke selbst lassen sich nach der Ansicht der meisten Utilitaristen jedoch *nicht* dahingehend bewerten, ob sie ihrerseits vernünftig oder unvernünftig, moralisch oder unmoralisch sind. Herbert Simon drückt diese Problematik rein zweckrationaler Wertungen so aus: „Während die (so verstandene! – J. R.) Vernunft uns also sehr gut helfen kann, Mittel zum Erreichen unserer Ziele zu finden, kann sie über die Ziele selbst wenig aussagen" (HR 15). Der Vernunftstatus der Zielsetzungen wird implizit von Vertretern utilitaristischer Handlungsmodelle dennoch bewertet. Zweckrationalität als unbedingte Effizienz liefert die Kriterien. Denn, ob Handlungsfolgen begrüßenswert sind, bemisst sich daran, in welchem Grade die ihnen zugrunde liegenden Präferenzen Strategien motivieren und tragen, welche zu *effizienten* oder *ineffizienten* Handlungsergebnissen führen. So gesehen sind die Präferenzen selbst „vernünftig", wenn sie zur Erzielung zweckgerechter Resultate beitragen. Die andere Frage ist, ob sie eine *sittliche* Qualität aufweisen oder nicht. Diese Frage wird in der Tat offen gelassen. Über die moralische Qualität der Zielsetzung und Handlungsantriebe wird also „wenig ausgesagt". Damit ist und bleibt es das

---

[15] A. K. Dixit/B. J. Nalebuff: Spieltheorie für Einsteiger. Strategisches Know-how für Gewinner, Stuttgart 1995, S. 61.

offenkundige Problem, dass Menschen die barbarischsten Ziele mit höchster Effizienz verfolgen können.

Natürlich hängt bei dieser Art der Theoriebildung alles an den Grundbegriffen „Nutzen", „Glück", „Bedürfnis" oder – wie Kant sagt – an dem auf „Neigungen" gestützten „niederen Begehrungsvermögen" endlicher Wesen. Schon zu vorchristlichen Zeiten wurde der Begriff des Nutzens (utilitas) mit den psychologischen Prinzipien von Lust und Unlust in Verbindung gebracht, die heute weiterhin – nicht nur in der behavioristischen Psychologie – in den verschiedensten Handlungs- und Verhaltenstheorien eine zentrale Rolle spielen. Um des Zieles des glückseligen Lebens wegen „tun wir ja alles, damit wir weder Schmerz noch Unruhe empfinden. Sooft dies einmal an uns geschieht, legt sich der ganze Sturm der Seele, weil das Lebewesen nicht imstande ist weiterzugehen wie auf der Suche nach etwas, was ihm mangelt, und etwas anderes zu erstreben, wodurch sich das Wohlbefinden der Seele und des Körpers erfüllen würde."[16] Bei Freud z. B. entspricht dem die Konfrontation von Lustprinzip und Realitätsprinzip. Kant hingegen versteht unter dem vollkommenen „Glück" bzw. unter der „Glückseligkeit" die Befriedigung aller Bedürfnisse und Neigungen des Menschen (GMS 32). Auch wenn der Utilitarismus als ethische Theorie weit bis in die Antike zurückreicht, erfährt er mit der Entstehung und der Entwicklung der modernen bürgerlichen Gesellschaft verschiedene Neufassungen, die jedoch im Kernbestand bei den unterschiedlichsten Autoren aus verschiedenen Zeiten durchaus vergleichbar bleiben. Jeremy Bentham (1748–1832) ist davon ausgegangen, dass Nutzen eine psychische (subjektive) Größe darstellt, die man im Prinzip genau so exakt messen kann wie die Länge eines Stabes (Kardinale Nutzenmessung). Von daher leitet sich seine berühmte Definition der Wohlfahrt einer ganzen Gesellschaft ab. Sie besteht in dem größtmöglichen Glück einer möglichst großen Zahl von Menschen. Paradigmatisch ist auch die Fassung des utilitaristischen Grundsatzes durch John Stuart Mill (1804–1872). Er glaubt, *das* Prinzip einer modernisierten utilitaristischen Ethik nennen zu können: „Dem Prinzip des größtmöglichen Glücks (happiness) entsprechend ... besteht der oberste Zweck, in Bezug auf den und deswegen alle anderen Dinge begehrenswert sind (ob wir nun das Gute für uns oder für andere betrachten) in einer Existenz, die so weit wie möglich frei von Leid (pain) und so reich wie möglich an Freuden ist, ...".[17] Hier taucht – wie schon bei Bentham – die für die subjektive Werttheorie späterer neo-klassischer Ökonomen

---

[16] Epikur: Brief an Menoikeus, in Epikur: Briefe. Sprüche. Werkfragmente, Stuttgart 1980, S. 47.

[17] J. St. Mill: Utilitarism, in ders.: On Liberty and Other Essays, Oxford 1991, S. 142.

maßgebliche Maximierungsregel auf. Es geht letztendlich um das Optimum – und dieses besteht in einem Maximum von „Glück", das seinerseits in Kategorien des Nutzens bestimmt wird. Statt von „Neigungen" und „Glück" sprechen die Ökonomen heute allerdings von der Erfüllung von „Präferenzen". Träger dieser Neigungen sind vorwiegend Käufer und Verkäufer, die – wie im Lehrbuch festgelegt – auf der subjektiven Basis ihrer Vorlieben und Abneigungen alle auf „den Märkten" erreichbaren Vorteile (Nutzen) optimieren und Nachteile (Kosten) minimieren wollen. Allerdings ist es Utilitaristen recht bald klar geworden, dass man an den Nutzen nicht einfach eine Messlatte von der Qualität eines Längenmaßes anlegen kann. Stattdessen scheint eine indirekte, eine *ordinale* Messung des Nutzens möglich zu sein. Sie legt eine Rangordnung dessen fest, was uns lieb und teuer ist. Der Kern der ordinalen Nutzenmessung besteht also in der Ermittlung von Rangreihen (Ordinalskalen), die „Präferenzskalen" genannt werden. Es geht darum, welches Gut ein Akteur einem anderen vorzieht. Präferiert er eher Äpfel gegenüber Birnen und Birnen gegenüber Pflaumen usf.? Auf „Indifferenzkurven" werden zudem Güterpaare abgetragen, „die mit gleicher Dringlichkeit gewünscht werden."[18] Die Details und Folgen derartiger Elementarvorstellungen z. B. für die Ermittlung von Nachfragekurven und Gleichgewichtspreisen sind hier nicht das Thema. Doch selbst zu einer Kurzbeschreibung des Begriffs des „Nutzens" als Grundlage menschlicher Werthaltungen gehört die für die Tradition der neo-klassische Nationalökonomie charakteristische Idee des *Grenznutzens*. Sie hängt mit den sog. „Gossenschen Gesetzen" zusammen, die von Hermann Heinrich Gossen (1810–1858) tatsächlich als Grundgesetze allen menschlichen Seelenlebens und Verhaltens angesehen wurden (und von Ökonomen oftmals auch heute noch so behandelt werden). Das erste dieser „Gesetze", das er aufgestellt hat, lautet: „Die Größe eines und desselben Genusses nimmt, wenn wir mit Bereitung des Genusses ununterbrochen fortfahren, fortwährend ab, bis zuletzt Sättigung eintritt". Schon ein minimaler Zuwachs an tatsächlicher Befriedigung eines Bedürfnisses stiftet also einen geringer werdenden Nutzen, bis einer den Hals voll hat, der *Grenzwert* (Limes) der Sättigung erreicht ist. Schwierig wird es demgegenüber zum Beispiel auf dem Oktoberfest in München, wenn einer eine Maß trinkt und nach dem Genuss der 10., die ihm subjektiv mindestens genauso gut schmeckt wie alle 9 davor, einfach objektiv umfällt.

Auch an den nutzentheoretischen Grundvorstellungen der modernen Nationalökonomie sind von einigen ihrer Vertreter hin und wieder einige Korrekturen vorgenommen worden. Dass die Maximierungsregel der Ökonomen mindestens so weit

---

[18] P. A. Samuelson: Volkswirtschaftslehre, a.a.O.; S. 462.

von dem tatsächlichen Verhalten der Menschen in der gesellschaftlichen Realität entfernt ist wie die Kantische Idee eines „Reich des Zwecke" von der Gesamtordnung vorfindlicher Gesellschaften, hat sich herumgesprochen. Es könnte sich gleichwohl auch dabei um eine zur Gewinnung von Einsichten brauchbare Fiktion (Idee; Idealisierung) handeln! Doch die steile These, dass es sich bei der Strategie der Nutzenmaximierung als höchster Erscheinungsform des menschlichen Vernunftvermögens um eine anthropologische Konstante handele, wird von Anthropologen als eine untaugliche Idee kritisiert, die gerade bei Geld- und Kredittheorien völlig in die Irre führt.[19] Auch Herbert Simon hat mit seinem Verweis auf rationale Gefühle einen Schuss Essig in den aus dem utilitaristischen Grundsatz gekelterten Wein gegossen.[20] Wenn es um das Verhältnis von Egoismus und Altruismus geht, wagt sogar der Spiel- und Entscheidungstheoretiker Jon Elster einen kleinen Schritt aus dem vorherrschenden Rahmen der utilitaristischen Kernvorstellung heraus: Es gehört zweifellos zu den anthropologischen Prämissen vieler Utilitaristen, dass auch das „altruistische Verhalten letztlich dem Selbstinteresse entspringt." Denn das zweckrationale Handeln des selbstinteressierten Einzelnen werde „letztendlich durch die Lust (pleasure) motiviert …, die es dem Akteur bringt" (NB 52f.). Demzufolge bedeutet „Altruismus" auch nichts grundsätzlich anderes als eine Haltung und Handlung, die für den Akteur selbst nützlich ist. Dagegen wendet Elster verblüffenderweise fast im Originalton Kants ein: „Einige (Handlungen) werden aus einem Gefühl der Pflicht heraus vollzogen und müssen keine Art der Lust im Gefolge haben" (NB 53). Vielleicht wird dabei nur an Fundamentalismus und nicht an genuine Sittlichkeit gedacht? Auch gegenüber dem Zeithorizont, in dem die nationalökonomischen Modellathleten ihre Entscheidungen treffen, werden einige Vorbehalte von Autoren geltend gemacht, die dem Utilitarismus gleichwohl nahe stehen. Im Menschenbild der utilitaristischen Aktormodelle „ist der Mensch nicht gezwungen, Entscheidungen zu treffen, die unendlich weit in die Zukunft reichen, die die ganze Skala menschlicher Werte umfassen und bei denen jedes Problem mit allen anderen Problemen der Welt in Zusammenhang steht" (HR 29). Aber genau so sehen

---

[19] D. Graeber, der diesen Sachverhalt ausführlich dokumentiert, verweist auf die Feststellung seiner Kollegin Caroline Humphrey aus Cambridge, dass „schlicht und einfach kein einziges Beispiel einer einfachen Warentauschgesellschaft und von der Entstehung von Geld daraus jemals beschrieben wurde. Alles verfügbare ethnographische Material deutet darauf hin, dass es so etwas nie gegeben hat." D. Graeber: Debt. The First 5000 Years, New York 2011, S. 29.

[20] Dementsprechend fragt auch A. Sen: „Werden die Leute durchweg und sogar typischerweise von der Vernunft geleitet, oder – sagen wir – von Leidenschaft oder Impuls?" (IJ 176).

zahllose Entscheidungssituationen in der gesellschaftlichen Wirklichkeit aus, vor denen Menschen stehen! Auch Probleme der Sozialontologie, welche die Standardökonomie aufwirft, werden gelegentlich auf heterodoxe Weise diskutiert. Die Lehre vom Sein der Gesellschaft ist in der herrschenden Volkswirtschaftsehre fast durchweg *individualistisch* eingefärbt. H. Simon merkt dazu kritisch an, viele Ökonom würden nicht selten von der „libertäre(n) Illusion" geplagt, „Individuen seien eine Art Leibnizscher Monaden, kleine harte Kugeln, jede mit einer gleichbleibenden, von den anderen Monaden unabhängigen, nützlichen Funktion (Nutzenfunktion als Präferenzenordnung – J. R.) und mit den anderen durch die Kenntnis der Marktpreise verkehrend" (HR 85). Eine weitere sozialontologische Problemzone tut sich mit der Auffasung des Individualismus von der Existenzweise einzelner sozialer Gebilde und kollektiver Handlungen (als Handlungen von Kollektiven, etwa einer Gewerkschaft oder einer ganzen sozialen Bewegung) auf. „Gibt" es z. B. „den Staat"? Die Antwort im Falle einer streng individualistischen Fassung der utilitaristischen Kernvorstellung lautet: Nein! „Die elementare Einheit des sozialen Lebens ist die individuelle menschliche Handlung. Die Erklärung sozialer Institutionen und sozialen Wandels besteht darin zu zeigen, wie sie als das Resultat der Aktion und Interaktion von Individuen entstehen" (NB 13). Dementsprechend wird davon ausgegangen: Soziale Gebilde wie „den Staat" gibt es nicht; das Wort „Staat" ist nur als ein Namen (Nominalismus), d. h.: als ein brauchbares Kürzel für eine heterogene Mannigfaltigkeit von Handlungen einzelner Akteure sowie für die Beziehungen zwischen ihnen zu entziffern. (Wobei „Beziehungen" nicht auf die Weise direkt beobachtbar sind, wie individuelles Verhalten als Körperbewegung nach streng individualistisch-empiristischen Kriterien eigentlich „beobachtbar" sein sollte. Um Gummibänder handelt es sich jedenfalls nicht).

Aber wirklich ernsthaft – unter gleichzeitiger Beibehaltung von wichtigen Prinzipien des utilitaristischen Denkens! – tritt erst Amartya Sen aus dessen Bezugssystem heraus. Er ist alles andere als ein Anhänger des Menschenbildes neo-liberaler Wirtschaftstheoretiker, obwohl er seinerseits wichtige Beiträge zur Theorie zweckrationaler Wahlhandlungen von Individuen bzw. zur Spiel- und Entscheidungstheorie geliefert hat. Ihn beschäftigt – wie alle Vertreter einer deontischen Ethik – das komplexe Verhältnis von Zweckrationalität als unverzichtbares Prinzip erfolgreichen Handelns zur Autonomie (Willensfreiheit) der Subjekte bzw. zu „Autonomie" als normatives Prinzip, das über die sittliche Zulässigkeit einzelner Zielsetzungen beim erfolgsorientierten Handeln entscheidet. Deswegen wirft er Fragen wie die auf, ob „das Vorteilsstreben, ob nun in einer direkten oder indirekten Form, die einzige robuste Basis für vernünftiges Handeln in einer Gesellschaft bereit stellt" (IJ 205). Anders gefragt: Stellt Zweckrationalität (Effizienz) – wie es sich bei den meisten Vertretern der utilitaristischen Tradition anhört – tatsächlich das höchste Vernunftprinzip menschlichen Denkens und Handelns dar? Seine Antwort ist und bleibt wie in der gesamten Tradition der Autonomieethiken (deontische Ethiken): Nein! Denn dagegen spricht für ihn zum Beispiel schon der schlichte Sachverhalt, „dass die gleiche Menge von Nutzengrößen im einen Fall mit bedenklichen Verletzungen grundlegender menschlicher Freiheiten einhergehen kann, in einem anderen nicht" (SE 281). Damit kommen diejenigen Elemente einer Ethik zum Zuge, welche die *Freiheit (Autonomie)* des Subjekts der Zweckrationalität überordnen. Zum Ziel führende bzw. unsere Bedürfnisse erfüllende und damit einen Nutzen für das Individuum stiftende Aktionen und Abläufe sind in zahllosen Fällen unverzichtbar, ja geradezu lebensnotwendig! Aber darüber, welche der mit der Entwicklung der Gesellschaft immer weiter differenzierten Ziele und Zwecke, Bedürfnisse und Neigungen *sittlich* sind, weil sie die Willensfreiheit anderer *nicht* aus purem Eigeninteresse bedrohen oder gar zerstören, darüber entscheidet letztendlich das Gebot, den freien Willen der anderen Menschen zu achten und zu fördern, solange sie ihn nicht ihrerseits als „Freiheit der Willkür" benutzen, um die Autonomie anderer zu untergraben. Deswegen sagt auch Sen „Es ist in der Tat möglich, zu akzeptieren, dass Freiheit eine Art der Priorität aufweisen muss, aber völlig ungezügelte Vorherrschaft (als Freiheit der Willkür! – J. R.) stellt nahezu mit Sicherheit eine" total überzogene Vorstellung dar (IJ 65). Auch wenn Kant derjenige ist, welcher diese Gedanken mit Beginn der Neuzeit durch eine Kritik der praktischen Vernunft in eine besonders prägnante und einflussreiche Form gebracht hat, das Spannungsverhältnis zwischen Nutzen- und Autonomieethik ist uralt. Das sieht auch Sen so: „Die Wertschätzung (valuing) von Freiheit bedeutete einen Kriegsschauplatz für Jahrhunderte, genau genommen: Jahrtausende, und es hat Unterstützer und Enthusiasten ebenso gegeben wie scharfe Verleumder" (IJ 227). Die logisch exakte Verhältnisbestimmung beider Systeme der Moralphilosophie ist schwierig. Ich gehe jedoch davon aus, dass es alles andere als empfehlenswert ist, das Verhältnis von Zweckrationalität und Autonomieprinzip, also zwischen der Idee unbedingter Effizienz und der ebenso kontrafaktischen Idee unbedingter Willensfreiheit als Dichotomie bzw. als strikte Disjunktion zu behandeln! Die utilitaristische Kernvorstellung und das Autonomieprinzip stehen gewiss oftmals in einem Gegensatzverhältnis zueinander. Das Autonomieprinzip ist und bleibt dabei in der deontischen Ethik das höchste aller Vernunftprinzipien. Doch gleichzeitig stellt Zweckrationalität als inneres Prinzip der materiellen Reproduktion des menschlichen Lebens eine *grundlegende* und unverzichtbare normative Bestimmung dar. Dies allerdings nur, wenn sie sich nicht in die instrumentelle Vernunft, d. h. in eine Praxis verkehrt, die jeden willkürlichen, im schlimmsten Fall einen die Subjekte entwürdigenden Zweck mit höchstmöglicher Effizienz anstrebt.

Warum ist uns etwas lieb und teuer? Die utilitaristische Antwort lautet: Lieb und teuer ist uns all das, was unsere Wertschätzung genießt. Und die Art und der Grad unserer Wertschätzung hängen von unseren Präferenzen (Nutzenorientierungen) ab. Grundsätzlich gilt: Die Menschengattung ist nun mal so gebaut, dass sie ihren Nutzen mehren, wenn nicht maximieren (optimieren) will. „Die Auszeichnung, die durch ein Wertbegriffsprädikat einem Gegenstand verliehen wird, beruht darauf und bezieht sich darauf, dass er dadurch in *seinem Verhältnis zu unserer Stellungnahme charakterisiert* wird."[21] Die Vertreter der Autonomieethik antworten: Das stimmt in bestimmten Fällen. Ganz gewiss! Aber es gibt ebenso zahlreiche andere Fälle, in denen sich Handlungen oder Abläufe für irgendwelche Zeitgenossen als äußerst nützlich erweisen, aber dem höchsten aller Werte, der Anerkennung der Würde des anderen Subjekts (damit seiner Freiheit) hart entgegengesetzt sind. Sie sind explizit als negativ und destruktiv zu bewerten. Der Utilitarismus bedeutet eine uralte und nicht nur wegen seiner Verkoppelung mit der herrschenden Nationalökonomie weiterhin einflussreiche *subjektive Werttheorie*. Die Autonomieethik stellt ebenfalls eine *uralte* und in ihren modernen Varianten einflussreiche *objektive Werttheorie* dar. Sie ist in dem Sinne objektiv, dass sie von wechselseitig anerkannter Willensfreiheit als einem *universellem* Maßstab menschlicher Willensäußerungen ausgeht – mal abgesehen von allen historischen Variationen, Differenzierungen und Verformungen, die beide Bewertungsstrategien im Verlauf der Geschichte andererseits erfahren haben.

4.3   Notiz zu einigen anderen Erklärungen der Wertgenese

Es gibt natürlich noch einige Werttheorien, die etwas andere Akzente setzen als die beiden zuvor erwähnten. Ein Beispiel dafür kann man dem *Werturteilsstreit* entnehmen, der sich zwischen Nationalökonomen im 1872 gegründeten und noch heute existierenden „Verein für Socialpolitik" im Deutschen Kaiserreich abspielte.[22] Zwei Hauptdarsteller in dieser Kontroverse, die sich um die Frage drehte, ob eine Sozial*wissenschaft*, die Volkswirtschaftslehre, sich auf Werte stützen könne, welche es erlaubten sozial- oder wirtschafts*politische* Empfehlungen zu geben oder nicht, sind Gustav von Schmoller (1838–1917) auf der einen Seite, Max Weber (1864–1920) auf

---

[21] V. Kraft, a.a.O.; S. 50. (Herv. i. Original).

[22] Vgl. G. Albert: Der Werturteilsstreit, in G. Kneer/St. Moebius (Hrsg.): Soziologische Kontroversen. Beiträge zu einer anderen Geschichte der Wissenschaft vom Sozialen, Berlin 2010, S. 14ff.

der Gegenseite. Weber vertritt das Postulat der Wertfreiheit, dessen radikalste Fassung die Dichotomiethese darstellt. Die Wissenschaft ist eine Sache, die politische Praxis eine ganz andere. Die Rolle einer Person als Wissenschaftlerin/Wissenschaftler ist getrennt zu halten von ihrer (seiner) Rolle als Politiker(in) bzw. politisch engagierter Mensch. Deswegen sagt Max Weber zum Beispiel auch, man müsse sich selbst „unerbittlich klar machen, *was* von seinen (eines auf dem Katheder thronenden akademischen Lehrers – J. R.) jeweiligen Ausführungen entweder rein logisch erschlossen oder rein empirische Tatsachenfeststellung und *was* praktische Wertung ist." Die Abstandnahme von jeder Kathederwertung ist für Weber daher ein „Gebot der intellektuellen Rechtschaffenheit, wenn man einmal die Fremdheit (sive Dichotomie – J. R.) der Sphären zugibt" (GWL 491). Schmoller will einen anderen Weg, gleichsam den Weg der Nachzeichnung einer historischen Evolution immer *allgemeiner* anerkannter sittlicher Standards der Menschen gehen, worauf auch die Wirtschaftswissenschaft als Wirtschaftspolitik zurückgreifen könne, um praktische Empfehlungen zu geben. Gewiss, so argumentiert Schmoller, haben die Völker im Verlauf der Gattungsgeschichte „Verschiedenes für gut gehalten und mit Recht." Das klingt zunächst nach einem historischen Relativismus oder Historismus, für den in letzter Instanz jeder geschichtliche „Kulturkreis" seine eigenen normativen Traditionen, Sitten, Gebräuche, Weltanschauungen und Wertideen hat, die im Kern nicht mit den Wertideen zu anderen Zeiten und bei anderen Völkern zu vergleichen sind. *Diese* Position vertritt Schmoller bei allen kulturrelativistischen Untertönen seiner Texte letztlich *nicht*. Zwar ist für ihn „das Gute immer ein Werdendes. Jede Zeit hat ihre Pflichten, ihre Tugenden, ihre sittlichen Güter und Zwecke", aber „im Laufe der Jahrtausende (hat) die zunehmende sprachliche und geistige, politische und wirtschaftliche Vergesellschaftung der Menschheit immer größere Kreise einheitlicher Religionen, zuletzt eine kleine Zahl Weltreligionen geschaffen, von denen alle in gewissen Punkten, mehrere in den Hauptpunkten übereinstimmen."[23] Die geschichtliche Entwicklung schreitet so gesehen in Richtung auf einen einheitlichen Konvergenzpunkt der vielfältigen normativen Bestimmungen (Wertungsgrundlagen) verschiedener Kulturen fort. Evolutionstheoretische Vorstellungen von der Wertgenese liegen in verschiedenen Varianten vor. Eine andere Spielart des nämlichen Grundgedankens findet sich z. B. auch bei Émile Durkheim an den Stellen, wo er z. B. sagt: „An der Basis aller Glaubenssysteme und aller Kulte muss es notwendigerweise eine bestimmte Anzahl von Grundvorstellungen und rituellen Handlungen geben, die trotz aller Vielfalt der Formen, die die einen und die anderen haben annehmen können, die gleiche Funktion erfüllen. Diese beständigen Elemente bilden das, was in

---

[23] Zit. in G. Albert: Der Werturteilsstreit, a.a.O.; S. 23.

der Religion ewig und menschlich ist. Sie bilden den objektiven Inhalt der Idee, die man meint, wenn man von *der Religion* im Allgemeinen spricht."[24] Bestimmte Inhalte religiös-moralischen Wertideen erfüllen geschichtliche *Funktionen*, die als ideelle Bestimmungen zu den unabdingbaren Voraussetzungen für die Vergesellschaftung von Menschen zählen. Evolutionstheoretische Thesen zur Wertentstehung können aber auch streng darwinistisch begründet sein. Dann dominiert die Ansicht, bestimmte Orientierungen von Menschen, Orientierungen, die wir als „sittlich" bewerten, bedeuteten im Verlauf der Evolution „objektiv" (gesetzmäßig) entstandene Haltungen gegenüber der Umwelt, die sich zu allgemeinen Wertideen verfestigen, weil sie wachsende Vorteile für die Erhaltung der Art geboten hätten. Allein darin liege ihre normative Qualität begründet. Dieser lebenserhaltenden Vorteile wegen orientierten sich Menschen daran. Man könnte im Angesicht all dieser verschiedenen Möglichkeiten vielleicht von einem *evolutionstheoretisch-kulturistischen Wertbegriff* sprechen.

Es gibt wieder andere Positionen der Werttheorie, die sich gleichsam zwischen den beiden Eckpunkten „subjektiv und objektiv" bewegen wollen. Dazu kann man die Ansicht zählen, es gebe Werturteile, die deswegen „objektiv" sind, weil sie von einem unparteilichen Standpunkt mehrerer sachlich abwägender Subjekte aus und nicht aus der Perspektive eines zufälligen Individuums oder einer beliebigen Gruppe mit ihren zufälligen Neigungen gefällt werden.[25] In diesem Falle wäre die „Objektivität" eines Werturteils nicht als irgendeine Eigenschaft von Sachverhalten zu verstehen, sondern als das Ergebnis eines unparteilichen und herrschaftsfreien Diskurses mit Zielrichtung auf die Höhen eines Beobachterstandpunktes zu deuten, der es uns u. a. erlaubt, „Neigungen zu korrigieren und das abzugrenzen, was wir tatsächlich tun sollten"?[26] Man kann in diesem Falle von einem *konsensuell-diskursiven Wertbegriff* sprechen.

Mit festen Zusammenhängen zwischen Werttheorie und Geldtheorie macht uns nicht nur die Kritik der politischen Ökonomie von Marx vertraut. Dieses Thema spielt natürlich auch in Georg Simmels herausragender Schrift zur „Philosophie des Geldes" eine zentrale Rolle. Mit der Arbeitswerttheorie setzt er sich nur ganz am Rande auseinander (vgl. PdG 83, 563f., 572). Im Vergleich dazu gibt es bei ihm viel mehr Passagen, die auf den ersten Blick den Eindruck erwecken mögen, er hielte es letztendlich mit der subjektiven Nutzentheorie. So heißt es zum Beispiel

---

[24] E. Durkheim: Die elementaren Formen des religiösen Lebens, Frankfurt/M 1994, S. 22.

[25] Vgl. dazu beispielsweise Th. Nagel: The View from Nowhere, New York/Oxford 1986, insbes. S. 138ff.

[26] Th. Nagel, a.a.O.; S. 140.

gleich eingangs in seinem Buch: „In welchem empirischen oder transzendentalen Sinne man auch von >>Dingen<< im Unterschied vom Subjekte sprechen möge – eine >>Eigenschaft<< ihrer ist der Wert in keinem Fall, sondern ein im Subjekt verbleibendes Urteil über sie" (PdG 29). Dem können in einer Hinsicht natürlich auch Vertreter einer „objektiven" Wertlehre zustimmen, insofern damit gemeint ist, „wertvoll" sei eine nicht-naturalistische Eigenschaft von „Dingen", die nicht mit physikalischen Merkmalen wie „fest" oder „blau" etc. in einen logischen Topf zu werfen ist. Es gilt in der Tat auch für Simmel, „dass der Wert nicht in demselben Sinne an den Objekten haftet, wie die Farbe oder die Temperatur" (ebd.). Auf der anderen Seite klingt seine Aussage so, als sei auch für ihn die Werteigenschaft der Dinge allein in den subjektiven Wertungen der Subjekte, also in ihren Wertschätzungen verankert. Es gibt jedoch viele andere Stellen in Simmels Text, wo er Thesen vertritt, die der reinen nutzentheoretischen Lehre glatt widersprechen. So hält auch er es stattdessen z. B. mit einer Theorie der Geldentstehung, wie sie in ähnlicher Form von empirisch forschenden Anthropologen der Gegenwart (wie D. Graeber in seinem Buch „Debt") vertreten wird. Es heißt bei ihm ja beispielsweise: „Ohne so nach zwei Seiten hin Kredit zu geben, kann niemand sich der Münze bedienen."[27] Kredit im weitesten Sinne einer Vorleistung ohne unmittelbar erfolgende Gegenleistung, nicht der zu keiner geschichtlichen Zeit und an keinem historischen Ort jemals vorzufindende unmittelbare Naturalientausch stellt die gesellschaftliche Wurzel aller Geldentstehung dar. Es gibt mithin ganz verschiedene Argumentationsstränge in Simmels großem Werk, die sich nicht umstandslos vereinbaren lassen. Insofern handelt es sich um experimentelles Denken. Aber, dass die Geldrätsel seitdem allesamt gelöst seien, wird nur jemand behaupten, der mit erstaunlich reduzierter Nachdenklichkeit gesegnet ist. Es gibt gleichwohl einen immanenten Strang der werttheoretischen Argumentation Simmels, den ich deswegen für äußerst bedenkenswert halte, weil er Motive einer objektiven mit denen einer subjektiven Wertbestimmung auf systematische Weise vermittelt. Er besteht in der Entfaltung eines komplexen *problemtheoretischen Wertbegriffs*. Dessen Ausgangspunkt bildet eine These, die da lautet: „So ist es nicht deshalb schwierig, die Dinge zu erlangen, weil sie wertvoll sind, sondern wir nennen diejenigen wertvoll, die unserer Begehrung, sie zu erlangen, Hemmnisse entgegensetzen" (PdG 35). Hemmnisse, die sich unseren Bestrebungen entgegensetzen, erleben wir als *Probleme*. Unser subjektives Problembewusstsein kann sich in einem Spektrum bewegen, das von der Erfahrung kleiner Schwierigkeiten im Alltag bis hin zum Erleben von Auswirkungen bedrückender Krisen der gesellschaftlichen

---

[27] PdG S. 215. Vgl. auch: G. Heinsohn/O. Steiger: Eigentum, Zins und Geld. Ungelöste Rätsel der Wirtschaftswissenschaft, Reinbek b. Hamburg 1966.

Verhältnisse insgesamt reicht, worin wir leben. „Problem" ist gleichwohl keine rein *subjektivistische* Kategorie! Denn eine Problemsituation kann eine *tatsächliche* (objektive) Struktur aufweisen, die den Akteuren gar nicht oder nur teilweise bewusst ist oder die sie gar völlig missverstehen. So können z. B. Mittel zur Erreichung der Ziele *faktisch* nur in unzureichendem Ausmaß oder überhaupt nicht zur Verfügung stehen. Strategien der Problembearbeitung können bei allem subjektiv gutem Willen an den tatsächlichen Gegebenheiten scheitern, die Randbedingungen der Situation jeden Versuch zur Problembearbeitung objektiv blockieren usf. Ich habe die darauf aufbauenden problemtheoretischen Überlegungen Simmels an anderer Stelle etwas ausführlicher zusammengefasst.[28] *Diesem* Strang im Komplex der teilweise gegenläufigen Ausführungen von Simmel zur Wertgenese lässt sich jedenfalls ein interessantes Fazit entnehmen: Etwas ist uns lieb und teuer, wenn und weil es uns nicht einfach in den Schoß fällt. Wir begehren es zwar *subjektiv,* aber *objektiv* kommen wir nicht umstandslos dran. „Indem dieses Begehren sich gleichsam an ihnen (den Dingen – J. R.) bricht oder zur Stauung kommt, erwächst ihnen eine Bedeutsamkeit (eine Werteigenschaft – J. R.), zu deren Anerkennung der *ungehemmte* Wille sich niemals veranlasst gesehen hätte" (PdG 35). Die „gehemmte", einen Widerstand erfahrende Willensäußerung steht vor einem *Problem.* Manche Probleme können wir lösen, mithin völlig zum Verschwinden bringen. Andere können wir in *Aufgaben* verwandeln. D. h.: Aufgaben können zwar regelmäßig auftauchen, aber wir verfügen über Verfahren (Methoden, Algorithmen), sie wie eine Rechenaufgabe zu lösen. Bei den eigentlichen Problemen, die uns in Grenzfällen erdrücken können, bleiben uns nur Bemühungen übrig, in den entsprechenden Situationen nach dem Prinzip von Versuch und Irrtum, also auf Wegen und Umwegen mit mehr oder minder zufriedenstellendem Erfolg zu Recht zu kommen. Wir können dann also nur Anstrengungen starten, die Probleme zu *bearbeiten,* ohne über Verfahren zu verfügen, welche ihre Lösung oder ihre Verwandlung in eine Aufgabe garantieren könnten. Der Umgang mit Problemen bedeutet Problem*bearbeitung.* Wenn man so will, ließen sich sogar Grundideen der Arbeitswerttheorie (auf natürlich ganz abstrakte Art und Weise) in diese Überlegungen einbauen: Etwas (ein Ding, ein Geschehen, ein Verfahren etc.) ist in dem Maße wertvoll für uns, wie es uns erlaubt, ein Problem „mit Erfolg" zu *bearbeiten.* Die höchste Wertschätzung genießt die Lösung des Problems oder seine Transformation in eine Aufgabe. Ansonsten hilft – von Taktiken der Problemvermeidung oder der schieren Verzweiflung abgesehen – nur das Bosseln am Problem mit unsicheren Erfolgsaussichten und/oder mit

---

[28] Vgl. J. Ritsert: Theorie praktischer Probleme, Wiesbaden 2012, Kap. 4, S. 43ff.

deutlich unter dem Optimum liegenden Graden des Erfolgs. Die Problemsituation weist oftmals die „Objektivität" einer Mauer als Widerstand gegen unsere Willensäußerungen auf. Natürlich besteht nicht alle Problembearbeitung in der Auseinandersetzung mit *wirtschaftlichen* Problemen. Aber die Bearbeitung ökonomischer Probleme (die die Verausgabung von Arbeitskraft in der Zeit voraussetzt), die Sorge für den Lebensunterhalt – an diese Evidenz sei erinnert – hat für die Masse der Bevölkerung wahrlich eine *basale* Bedeutung.

Über einige Kritiken an der Dichotomiethese und ihrer Struktur

Sollte jemand völlig scherzfrei die These vertreten, es gäbe wissenschaftliche Tatsachenaussagen, die frei von *jedem* inneren Zusammenhang mit *irgendwelchen* Wertideen sind, dann würde er sich – sehr zurückhaltend ausgedrückt – durch eine erstaunlich extravagante Auffassung bemerkbar machen. Mir ist noch niemand begegnet, der so etwas aufgetischt hätte. Nehmen wir z. B. die gute alte Norm der Widerspruchsfreiheit aus Aristoteles' „Metaphysik", dann ist es den im Wissenschaftsbetrieb Werktätigen gemeinhin als Subjekten *geboten*, für die Widerspruchsfreiheit (logische Konsistenz) als Qualität ihrer Aussagen und Schriftstücke zu sorgen. Gewiss: Dass die Erfolgsquote derartiger Bemühungen selbst bei bestem Willen nicht 100 % sein kann, das gehört zum Menschlich-Allzumenschlichen an der Akademie. Doch die Konsistenz von Aussagen und Handlungen wird – auch im Alltag! – nicht nur von den Ansprechpartnern erwartet, sondern überdies als *Eigenschaft von Aussagensystemen selbst* (nicht zuletzt von Theorien!) verlangt und kritisch überprüft. Es verhält sich dabei wie mit der Tatsache, dass eine Aussage selbst *unwahr* sei kann, obwohl der Sprecher sie mit voller Überzeugung *für wahr* hält.[1] Eine *Theorie selbst* sollte demnach normative Eigenschaften wie „schlüssig", „gut bestätigt", „erklärungsstark", „prognosekräftig" etc. etc. aufweisen. Es handelt sich somit um Wertideen, welche die Zunft der Wissenschaftlerinnen und Wissenschaftler mit aller Selbstverständlichkeit als Gütekriterien von Theorien selbst ansieht. Doch sofort taucht das zusätzliche Problem auf, wie wohl die einzelnen Standards im Detail aussehen, welche eine Theorie nach der Auffassung aufweisen muss, um sich ein derartiges Gütesiegel zu verdienen. Auch für „wissenschaftliche Objektivität" legt sich die akademische Gemeinde einhellig ins Zeug. Aber bei

---

[1] Die Entscheidung darüber, wie man mit dieser Diskrepanz umgeht, wirft allerdings gravierende logische Folgeprobleme auf.

J. Ritsert, *Wert*, DOI: 10.1007/978-3-658-02194-8_5,
© Springer Fachmedien Wiesbaden 2013

näherem Hinsehen erweist sich „Objektivität" als alles andere denn eine homogene Norm.[2] Sogar im Falle des an sich so selbstverständlichen Gebots der „Widerspruchsfreiheit" als einer Norm der Logik, die wir sowohl im Alltag als auch in den Wissenschaften beachten sollten, kann man an den Akademien auf die heftigsten Kontroversen stoßen. Natürlich denkt niemand im Ernst daran, eine Kugel sei dreieckig oder die wohlriechende rote Rose sei zugleich rot und nicht-rot. Kein Dialektiker, der bei Trost ist, wird eckige Bälle oder die eigentümliche Einfärbung jenes Dornengewächses in den Kanon sprachlich sinnvoller Merkmalsbestimmungen von Sachverhalten aufnehmen. Wenn man jedoch davon ausgeht, dass G. W. F. Hegels Begriff des Widerspruchs in seiner „Wissenschaft der Logik" *nicht* mit dem aristotelischen Konzept des Widerspruchs als *Kontradiktion* (p und zugleich ¬p = falsch) gleichzusetzen ist, dann bekommt man es mit sehr weit in die Geschichte der Philosophie zurückreichenden Streitfragen hinsichtlich einer dialektischen Logik sowie mit Schwierigkeiten der Erkenntnistheorie und der Metaphysik zu tun. Die uralte Frage nach dem Verhältnis von Analytik und Dialektik ist auch heute noch nicht vom Tisch. Deswegen gibt es weiterhin (wenn auch nicht unbedingt zu den Hegelkennern zählende) Leute, die ohne große Bedenken behaupten, eine „dialektische" Theorie könne deswegen keine „gute" Theorie sein, weil sie gnadenlos gegen das aristotelische Non-Kontradiktionsverbot verstößt. An jenem Fazit lässt sich gleichwohl festhalten: Es gibt professionelle Wertideen, welche „objektiv" zu den *immanenten Eigenschaften* „guter" Theorien zu rechnen sind und nicht „subjektiv" in den Wertorientierungen ihrer Urheber aufgehen. Selbstverständlich müssen sich die Autoren persönlich von derartigen Prinzipien bei der Theoriebildung leiten lassen, auf dass wissenschaftliche Aussagensysteme dann diese erwünschten Eigenschaften aufweisen können. Nach all dem bildet eigentlich die *Dichotomiethese* den entscheidenden Stein des Anstoßes bei Werturteilsstreitigkeiten (s.o. S. 16ff.). Folgt man Max Webers Auffassung, dann liegen die mit professionellen Werten der wissenschaftlichen Zunft getränkten Tatsachenaussagen (der Dichotomiethese entsprechend) in einem Bereich, der *logisch* fein und säuberlich von den Wertungen der Ethik, der Politik, der Wirtschaftspolitik, des religiösen Glaubens, der ästhetischen Beurteilung etc. zu trennen und frei zu halten ist, denen die Theoriebauer und Forscher sich ansonsten verpflichtet fühlen. Das Verhältnis von Werturteilen und Tatsachenurteilen versteht sich demnach als eine *strikte Disjunktion,* als ein ausschließendes Entweder-Oder (Schwarz oder Weiß; es gibt keine Grautöne!). Für Weber bestehen „Wertungen" in praktischen Urteilen über eine „durch unser

---

[2] Vgl. dazu J. Ritsert: Seminarmaterialien 23.: Werturteile, Objektivität und das Maßstabsproblem der Gesellschaftskritik, Teil I, Frankfurt/M 2010 (Datei OBJKT I auf der Home-Page).

Handeln beeinflussbaren Erscheinung als verwerflich oder billigenswert" (GWL 489). Deswegen müsse man sich als rechtschaffene Wissenschaftlerin und rechtschaffener Wissenschaftler auf den Wegen schärfster logischer Unterscheidungen „unerbittlich" klar machen, „*was* von seinen jeweiligen Ausführungen entweder rein logisch erschlossen oder rein empirische Tatsachenfeststellung und *was* praktische Wertung ist" (GWL 490; Herv. i. Org.). Man kann wohl behaupten, dass die so verstandene Dichotomiethese den semantischen Kern dessen verkörpert, was von vielen Wissenschaftlern bis auf den heutigen Tag unter dem *Postulat der Werturteilsfreiheit der Forschung, der Theoriebildung und des wissenschaftlichen Vortrags vom Katheder herunter* verstanden wird. Es gab Zeiten, zu denen ein jeder Versuch zur Problematisierung der Dichotomiethese den erbitterten Vorwurf der „Unwissenschaftlichkeit", wenn nicht der ideologischen Parteilichkeit für klammheimlich in die Tatsachenaussagen *eingeschmuggelte* politische Zielsetzungen wirrer Geister hervorrief. Sie sind nicht vorbei. Im Gegenteil: In der jüngeren Vergangenheit haben sich scharfe Auseinandersetzungen zwischen Naturwissenschaftlern einerseits, Geisteswissenschaftlern andererseits zu akademischen Gefechten zugespitzt, denen inzwischen der Charakter von „science wars" zugeschrieben wird.[3] Zwei Beispiele dafür, welche Argumente gegenwärtig dennoch zur Problematisierung der Dichotomiethese herangezogen werden, sollen im Folgenden kurz umrissen werden.

5.1   Der Kollaps der Tatsachen/Wert-Dichotomie (H. Putnam)

Hilary Putnam verleiht der Dichotomiethese eine besondere Wendung: Viele Menschen, so merkt er an, halten es geradezu für eine alltagsweltliche Selbstverständlichkeit, dass Werturteile *subjektiv* sind, also ausschließlich zur Klasse all jener vielfältigen Wertschätzungen gehören, welche Subjekte (das sind wieder einmal >Wir< je nach Bedarf im gesamten Spektrum von einzelnen Personen bis hin zu den Mitgliedern eines ganzen Kulturkreises oder einer Epoche) hegen. In den Wissenschaften ist diese scheinbare Selbstverständlichkeit in verschiedene Richtungen weisend ausgelegt worden. Putnam setzt sich mit

---

[3] Vgl. z. B. M. Scharping (Hrsg.): Wissenschaftsfeinde? <<Science Wars>> und die Provokation der Wissenschaftsforschung, Münster 2001.

jener verbreiteten Version kritisch auseinander, derzufolge *Tatsachenaussagen* „objektiv wahr" bzw. in ihrem Wahrheitsanspruch wohl begründet (warranted) sein können, wohingegen *Werturteile* überhaupt keine Wahrheitsansprüche in einem wie immer auch mit Tatsachenaussagen vergleichbaren Sinn erheben können. Mehr noch: Im Extremfall wird dieser Aussagentyp völlig „außerhalb der Sphäre der Vernunft" angesiedelt, also für rational in keiner Weise begründbar gehalten (FWD 1). Dass Werturteile nicht wahrheitsfähig seien, ist wohl so zu verstehen: Dass etwas in letzter Instanz getan werden *soll*, dafür lassen sich nach dieser Auffassung überhaupt keine *guten Gründe* heranziehen. Wenn es um die obersten Wertideen für unser Handeln geht, können wir uns mithin auf keine vernünftige Begründung, schon gar nicht auf eine vernunftgeleitete Letztbegründung solcher Prinzipien stützen. Es bleibt uns daher allein übrig, eine Entscheidung für oder gegen die Norm unter Risiko zu fällen (Dezisionismus). Wegen ihrer engen Verbindung solcher Thesen mit der neoklassischen Volkswirtschaftslehre sowie aufgrund der nachhaltigen Einflüsse, die diese sowohl auf die Marktstrategien von Unternehmen als auch auf die Wirtschaftspolitik von Regierungen weiterhin ausübt, geht es für Putnam hier um ganz entschieden mehr als nur um ein innerakademisches Problem.

Im Hinblick auf die *wissenschaftslogischen* Voraussetzungen dieser Denkungsart weist er auf ein Problem hin, worin auch Dialektiker einen Stein des kritischen Anstoßes sehen. Es besteht darin, vergleichsweise harmlose Unterscheidungen zu „absoluten Dichotomien" zuzuspitzen (FWD 2). Nicht dass Dichotomien als Stilprinzip der Aussagenordnung vollständig zu verwerfen wären. Die Frage ist jedoch, wann sie bei Bemühungen um Erkenntnis und Darstellung am Platz sind und wann nicht. Absolute Dichotomien, die Putnam im Visier hat, entsprechen der strikten Disjunktion, also dem *ausschließenden Oder*: Entweder A oder B – *tertium non datur*. Seine scharfe These lautet: Wie angemessen die strikte Disjunktion in einzelnen Fällen auch sein mag, wenn es um das Problem einer logisch triftigen Verhältnisbestimmung von Werturteilen und Tatsachenaussagen geht, dann ist sie völlig fehl am Platz. Nicht nur das: Wegen ihrer Verflechtung mit wirtschaftspolitischen Grundvorstellungen hat sie zu Verwüstungen in der gesellschaftlichen Praxis geführt, zu „'real-weltlichen' Konsequenzen im 20. Jahrhundert" (FWD 1). Er macht mit Fug und Recht darauf aufmerksam, dass die „Tatsachen-Wert-Dichotomie" in der Wertphilosophie entscheidend von einer zweiten Dichotomie beeinflusst wird: Von der Dichotomie zwischen „analytischen" und „synthetischen Urteilen". Diese spielt bekanntlich in Kants „Kritik der reinen Vernunft" eine, wenn nicht *die* zentrale Rolle. Analytische Urteile stellen *Erläuterungsurteile* dar. Sie erläutern den verbindlichen Sinngehalt von Begriffen und Sätzen der jeweiligen Sprache. „Alle Kugeln

sind rund". Das ist für uns aufgrund geltender Sprachreglungen so selbstverständlich wie die sensationelle Feststellung, dass ein Vierbeiner über vier Beine
verfügt. M.a.W.: Erläuterungsurteile machen uns sprachliche Voraussetzungen
klar, erweitern aber unser Wissen über die Welt nicht. Davon unterscheidet Kant
die *synthetischen* Urteile, die *Erweiterungsurteile*. Sie erweitern unser empirisches
Wissen über die Welt – wenn sie wahr sind.[4] Natürlich gibt es einen *Unterschied*
zwischen Urteilen, welche den Sinngehalt von Begriffen und Sätzen erläutern und
denjenigen, welche uns zusätzliche Informationen und erweiterte Wissensbestände versprechen. Aber die strenge Dichotomisierung dieser beiden
Urteilstypen sowie ihre Verkoppelung mit jenen zwei Dogmen der herrschenden
Wertlehre stiften das eigentliche Problem.[5] Diese beiden schon erwähnten
Dogmen lauten: 1. Wenn irgendetwas „ein 'Werturteil' ist, dann kann es unmöglich eine (Aussage über eine) 'Tatsache' sein." 2. „Werturteile sind 'subjektiv'",
sind also grundsätzlich gleich Wertungen, die menschliche Subjekte vornehmen
(FWD 7).[6] Die Dichotomiethese erwähnt Putnam als die „Idee eines allgegenwär-
tigen und höchstgewichtigen Grabens zwischen Werturteilen und den sog.
Tatsachenaussagen" (ebd.). Sowohl dieser kanonisierte Zwiespalt als auch der
zwischen analytischen und synthetischen Aussagen beruht nach seiner
Auffassung letztendlich auf einer Verwechslung von *Unterschieden* mit
Dichotomien (vgl. FWD 9ff.). Was da zur strengen Dichotomie hochgepuscht
wird, ist vielmehr als eine (bei bestimmten Gelegenheiten vielleicht brauchbare)
Unterscheidung zu behandeln.[7] Putnam wählt in diesem Zusammenhang auch
das Wort *Dualismus*. Obwohl wir in der Umgangssprache Dichotomien oftmals

---

[4] Hier nur am Rande: Die zentrale Frage der >Kritik der reinen Vernunft< lautet, ob und
wie *synthetische Urteile a priori*, also erfahrungsfreie Erweiterungsurteile möglich sind.

[5] Eine Problematisierung der klassischen Fact/Value-Dichotomy findet sich schon bei
Willard van Orman Quine seinem Artikel: Two Dogmas of Empiricism, in ders.: From al
Logical Point of View, Harvard, 2. Auflage von 1961.

[6] Putnam geht davon aus, dass die „hochgepuschte (overblown) Form der Dichotomie
zwischen „analytisch" und „synthetisch" spätestens mit W. v. O. Quines scharfer Kritik
an „zwei Dogmen des Empirizismus" kollabiert sei (FWD 8). In D. Byrne und M. Kölbel
(Eds.): From a Logical Point of View, New York 1952. Ursprünglich W. v. O. Quine: Main
Trends in Recent Philosophy: Two Dogmas of Empiricism, in: Philosophical Review 60
(1951), S. 20ff. Im Grunde ist noch die streng empiristische These hinzuzunehmen, dass
Sätze, die weder eindeutig analytisch, noch eindeutig synthetisch sind, als wissenschaftlich
sinnlos behandelt werden müssen (vgl. FWD 10).

[7] Putnam als moderner Vertreter des amerikanischen Pragmatismus erinnert an
die Zielsetzung eines seiner Hauptvertreter, an John Dewey (1859–1952), der mit
Entschiedenheit darauf aus war, die Philosophie von einer ganzen Menge solcher
Dualismen zu befreien (FWD 9).

tatsächlich mit Dualismen gleichsetzen, stellt der Dualismus an sich ein weniger scharfes Prinzip der Aussagenordnung dar als die zur strikten Disjunktion zugespitzte Dichotomie. Denn von seinem altgriechischen Hause aus bedeutet „Dualismus" zunächst vergleichsweise harmlos eine *Zweiteilung*. Es handelt sich gleichsam um eine Wegegabelung, deren in unterschiedliche Richtungen weisenden Pfade in einigen Fällen gleichermaßen gut begehbar sein können. Rotwein oder Weißwein? Je nachdem ist beides gut. Gewissensentscheidungen dieser geschmäcklerischen Art sind sicherlich nicht existentiell und messerscharf getrennt zu halten. Demgegenüber hat sich z. B. die streng binäre Codierung der „bits" gemäß der arithmetischen Zweiteilung „Null und Eins" durchaus als sinnvoll und äußerst folgenreich erwiesen. *Fazit*: Dichotomien implizieren zwar einen Dualismus, aber sind nicht als mit ihm grundsätzlich gleichbedeutend zu behandeln – jedenfalls dann nicht, wenn man den Begriff der „Dichotomie" bedeutungsgleich mit der strikten Disjunktion verwendet.

Auch Putnam erhebt natürlich wenig Einwände gegen Humes Theorem (s.o. S. 16) in dessen elementarer Fassung: „Was Hume meinte, war, dass dann, wenn ein 'Ist'-Urteil eine 'Tatsache' beschreibt, kein 'Soll'-Urteil daraus abgeleitet werden kann" (FWD 14). Allerdings entstehen selbst in diesem Falle erhebliche metaphysische und erkenntnistheoretische Probleme dadurch, dass David Hume Tatsachen nach den Prinzipien einer Art „Abbild-Semantik" deutet (FWD 15). „Ideen" erfassen seiner Erkenntnistheorie zufolge als abstrakte Abbilder das, was der Fall ist. Doch wie dem auch im Detail sein mag: Analog der Unterscheidung zwischen analytischen und synthetischen Urteilen sind gewiss auch beim Vergleich zwischen Werturteilen (bzw. Sollaussagen) und Tatsachenaussagen (Ist-Sätzen) wesentliche *Unterschiede* festzustellen. Doch aus diesem schlichten Sachverhalt folgt z. B. nicht umstandslos, moralische Gebote „könnten *nicht* rational begründet werden, sondern spiegelten im Grunde nur den gegebenen Stand der 'Strebungen' (volitional state) des Sprechers wider" (FWD 17). Aus seiner kritischen Untersuchung der Geschichte verschiedener Versuche in der Philosophie, die Dichotomiethese zu begründen und zu verteidigen, zieht Putnam diesen und einen weitergehenden Schluss: „Die Tatsachen/ Wert-Dichotomie stellt im Grunde keine *Unterscheidung*, sondern eine *These* dar." Eine ihrer Implikationen lautet: „'Ethik' handelt nicht von 'Tatbeständen'" (FWD 19). Das kann gewiss auch heißen, „moralisch gut" stellt keine Eigenschaft eines Sachverhaltes von der gleichen Art wie die Farbe eines Blattes dar. So weit, so gut. Aber die These von einer grundsätzlichen Dichotomie zwischen Tatsachen und Werten ist nach Putnams Argumenten schlicht und einfach falsch. Kein Wunder also, dass sie – mit Ausnahme all der Fälle ihrer weiterhin felsenfesten Verankerung bei einigen dogmengetreu denkenden Positivisten

– kollabiert ist. Wie wird dieser Eindruck begründet? Seine Stichhaltigkeit ist bei Putnam vor allem die Funktion seiner Kritiken am Tatsachenbegriff sowie an der Sprachphilosophie von positivistischen Denkern wie Rudolf Carnap. Ein Beispiel für Strategien seiner Kritik sieht so aus: Zu den weiterhin einflussreichen Annahmen des positivistischen Denkens gehört die szientistische Ansicht, die Sprache, woran sich die Psychologie zu orientieren habe, sei und bleibe die Sprache der mathematischen Physik. Auf das Gebot einer Angleichung geistes- und sozialwissenschaftlicher Strategien der Theoriebildung, Methoden und Forschungspraxis an die Vorbildwissenschaft der mathematischen Physik hat das positivistische und neo-positivistische Denken nie verzichtet. Deswegen kommt es seinen Vertretern z. B. sehr darauf an, die Arbeiten zur Psychologie von ihrer Verquickung mit alltagsweltlichen Darstellungen psychologischer Vorgänge (folk psychology) zu befreien. Eine dem naturwissenschaftlichen Vorbild entsprechende Psychologie erhebt daher den Anspruch, alltagssprachliche Begriffe, die sich auf seelische Zustände und Prozesse beziehen „(wenn sie diese 'Psychologie des Alltagsverstandes' nicht gleich auf eine Stufe mit der Astrologie oder Alchemie stellen)" z. B. irgendwann einmal vollständig in eine Sprache über *Hirnzustände* zu übersetzen (FWD 26). Demnach müsste es bei allen Menschen Zustände oder Nervenschaltungen ihres Hirns geben, die vom Beobachter immer dann vorzufinden sind, wenn eine Person sich in einem Gemütszustand befindet, den die Alltagspsychologie z. B. als „grausam", „gereizt" oder „erfreut" bezeichnet (ebd.). Aber – so hält Putnam dagegen – „sämtliche beschreibenden Begriffe, die wir in unseren alltäglichen Diskursen auf die eine oder die andere Seite der Dichotomie 'Beobachtungsbegriff' oder 'theoretischer Terminus' zu pressen versuchen, bedeutet, sie in ein Prokrustesbett zu zwingen" (ebd.). Der Tatsachenbegriff, der dabei vorausgesetzt wird, ist und bleibt zu eng. Trotzdem hecheln viele Positivisten in den Sozialwissenschaften weiterhin tapfer hinter den Standards der mathematischen Physik her und sprechen den Strategien der Theoriebildung und Methoden in den Geisteswissenschaften keinen logisch eigenständigen Status zu. Sie unterschätzen weiterhin die „Verflechtung" von Tatsachenbeschreibung und Werturteil zugunsten der Dichotomiethese (FWD 27). „Verflechtung" stellt eine Metapher dar, die pragmatisch tauglich sein kann oder nicht. Die Frage ist, ob sich ihr nicht doch eine logisch präzisere Form verleihen lässt? Putnam beruft sich auf Schulhäupter des amerikanischen Pragmatismus, auf Peirce, Dewey und Mead, die gezeigt hätten, dass „Wert und Normativität die *gesamte* Erfahrung durchdringen" (FWD 30). Jetzt wird eine andere Metapher, die des „Durchdringens" gewählt. Nichts, gar nichts gegen Metaphern (oder Analogien), die sich bei der Gewinnung von Einsichten als hilfreich erweisen! Aber was, wenn sich das Verhältnis der gegensätzlichen Bestimmungen logisch präziser erfassen lässt? (s.u. Kap. 6).

Putnam meint, Positivisten hätten überdies vielfältige und gescheiterte Versuche gestartet, das Zugeständnis zu vermeiden, *dass die Wahl einer Theorie immer Werte voraussetzt*" (FWD 31; Herv. i. Org.).[8] Damit wird unterschwellig eine Verbindung zu wissenschaftslogischen Vorstellungen von Max Weber hergestellt. Denn die These, dass die Wahl einer Theorie sowie der Untersuchungsdimensionen eines auf diese Theorie gestützten Forschungsprojektes durchweg von „Kulturwertideen" abhängt, macht den Kern der Lehre von der grundsätzlichen „Wertbeziehung" der Forschung bei Max Weber aus (Kap. 6). Deuten also die Metaphern von der „Verflechtung" oder „Durchdringung" von Tatsachen und Werten letztlich auf eine vergleichbare Behauptung hin? Oder deuten sie womöglich auf die noch stärkere These hin, dass Tatsachenaussagen eine *innere* Vermittlung mit gesellschaftlichen Wertideen enthalten können, die weder in denen der Zunft aufgehen, noch wegen dieser Vermittlung zwangsläufig Unwahrheit oder Ideologie der Behauptung oder Annahmen im Gefolge haben? (s.u. Kap. 6). Ein Beispiel, das für die Diskussion unorthodoxer Thesen dieses Kalibers erhellend ist, bezieht sich auf die in der angelsächsischen Literatur sog. „thick ethical concepts". Diese Vokabel könnte man vielleicht mit „dichten ethischen Begriffen" übersetzen? Für Putnam weisen sie besonders deutlich auf jene Sorte unauflösbarer „Verflechtungen" von Wert und Tatsache hin, welche die Wissenschaften nur um den Preis eines traditionellen Physikalismus auflösen können. Das Versprechen dieses Zweigs positivistischer Denkungsart, nämlich die Reduktion von Aussagen über seelische Phänomene und Vorgänge ohne Rest in die Präzisionssprache der mathematischen Physik leisten zu können, gehört – wie bei einigen, die menschliche Willensfreiheit als Illusion behandelnden Hirnphysiologen der Gegenwart – in die Klasse der Vertagungsargumente. Wartet nur mal ab (*ad calendas graecas*), bis wir diese Reduktion der „Folkpsychologie" endgültig geschafft haben, dann werdet ihr nichts mehr zu meckern haben! Vertagungsargumente sind unwiderlegbar! Z. B. „grausam" ist ein Prädikat der alltagssprachlichen Seelenkunde, von dem durchweg „ein normativer und ethischer Gebrauch gemacht wird" (FWD 34). Man kann jemanden als eine „grausame Person" einschätzen. Gleichzeitig ist „grausam" aber auch deskriptiv verwendbar. So z. B. „wenn ein Historiker schreibt, dass ein bestimmter Monarch außergewöhnlich grausam war oder die Grausamkeiten des Regimes

---

[8] Putnam sagt das alles auch K. R. Popper nach. Wenn man an die enge Verbindung von Überlegungen mit der Position Max Webers bedenkt, dann stimmt das m. E. so nicht.

eine Reihe von Rebellionen hervorrief" (ebd.). Merkwürdigerweise spricht
Putnam an dieser Stelle von einem „rein deskriptiven Gebrauch" diesen Wortes
durch den Historiker und verweist darauf, dass „grausam" aber je nach Bedarf
normativ und deskriptiv verwendet werden kann. Ich empfinde das als merkwür-
dig deswegen, weil das Eigenschaftswort „grausam" – wie im Falle aller sog. „normativ-analytischen" (thick ethical) Begriffe – seinen normativen Gehalt nicht
verliert, wenn der Historiker einen scheinbar rein deskriptiven Gebrauch davon
macht! Wenn er eine „sachlich" erscheinende Beschreibung dieser Art liefert,
dann bestimmt er gleichwohl das Geschehen selbst immer zugleich als Untat. Es
sei denn er setzt „grausam" z. B. verhaltenstheoretisch mit der beobachtbaren
mechanischen Anwendung bestimmter Instrumente auf den menschlichen
Körper gleich – egal was der Effekt und wie dieser zu bewerten ist. *Diese* Art der
„reinen" Tatsachenorientierung wird man vielleicht selbst als „grausam" bewerten dürfen? Aber bedeutet der Hinweis auf Verwendungsweisen „dichter ethischer Begriffe" tatsächlich das logisch schärfste Wort, was sich zu den damit
einhergehenden „Verflechtungen" von Wert und Tatsache sagen lässt? (Kap. 6).

5.2 Warum Dinge für Menschen von Bedeutung sind (A. Sayer)

Den Kern der Hume-These will auch Andrew Sayer nicht in Bausch und Bogen
verwerfen. Jedermann kann und muss schlicht und einfach akzeptieren, dass sich
mit den klassischen Mitteln der syllogistischen Logik, also auf den Wegen der
schlüssigen *Deduktion* einer Aussage aus Voraussetzungen, Sollaussagen nicht
einfach so aus reinen Tatsachenaussagen ableiten lassen (Bed. 50f.). Nur sollte
man zweierlei nicht übersehen: Zum Einen folgt das, was zu tun geboten ist, nicht
einfach aus dem schlüssigen Verhältnis zwischen Aussagen, sondern z. B. aus
körperlichen Bedürfnissen und Antrieben (Bed. 51). Zum Anderen stellt eine
logische Schlussfolgerung nicht die einzige rationale Form der Aussagenordnung
dar. In der Tat: Ich für meinen Teil bin z. B. der Meinung, dass es Formen der
dialektischen Ordnung des Diskurses gibt, die sehr wohl das Prädikat „rational"
verdienen.[9] Ob und wie weit Sayer bereit wäre, in diese Richtung mitzugehen,

---

[9] Vgl. J. Ritsert: Dialektische Argumentationsfiguren in Philosophie und Soziologie, Hegels
Logik und die Sozialwissenschaften, Münster 2008.

weiß ich nicht.[10] Gleichwohl teilt er unterschwellig mit Hegel und der dialektischen Gesellschaftstheorie Adornos ganz entschiedene Vorbehalte gegen viele bloß dichotomisierende Argumentationsfiguren. Es gibt auch nach seiner Auffassung fest in wissenschaftliche Diskurse eingelassene Dichotomien, die unfruchtbar, wenn nicht völlig irreführend sind. Auf seiner entsprechenden Liste (wobei er allerdings von „Dualismen" redet) erscheinen als Beispiele (Bed 30):

- Tatsache-Wert.
- Ist-Sollen.
- Vernunft-Gefühl.
- Wissenschaft-Ideologie.
- Wissenschaft-Ethik.
- Positiv-Normativ.
- Objektivität-Subjektivität.
- Geist-Körper.

Im Fokus der Kritik steht also auch bei Andrew Sayer die klassische Dichotomiethese aus dem Werturteilstreit. Auch er sieht sie natürlich im engen Zusammenhang mit (ehemals?) weit verbreiteten und problematischen Thesen des szientistischen[11] Denkens – so zum Beispiel mit den beiden folgenden:

These 1 Werte entziehen sich jeder vernünftigen Begründung. Sie finden sich nicht nur grundsätzlich auf der Subjektseite, sondern werden oft auch als ein Hindernis für „Objektivität" behandelt, wobei in diesem Falle der facettenreiche Begriff der „Objektivität" gern mit „Wahrheit" gleichgesetzt wird (Bed 45).

These 2 „Argumente im Hinblick auf Werte und Werthaltungen, welche sich im Alltagsleben im Umlauf befinden, (sind) bloß willkürlich, eine Frage der Festsetzung und der Macht" (Bed 23).

Werte beziehen sich nach dieser Auffassung nicht auf irgendetwas, sondern sie sind der Ausdruck subjektiver oder konventionell festgelegter Wertungen oder bedeuten aufgrund der Macht von Herrengewalten durchgedrückte Wertideen

---

[10] Es könnte durchaus sein, dass er diese Verbindung in Erwägung ziehen könnte, da er die Werke von Roy Bhaskar schätzt und sicherlich dessen Buch R. Bhaskar: Dialectic. The Pulse of Freedom, London/New York 1993 kennt.

[11] „Szientistisch" stammt von „science" im primären angelsächsischen Verständnis von „science" als Naturwissenschaft oder Naturwissenschaftsideal in Theoriebildung und Forschung ab.

(Kulturhegemonie). Wenn es um Objektivität als Referenz (d. h. als wahrheitsfähiger Gegenstandsbezug des Denkens und Sprechens) von Wertideen geht, dann – so heißt es – sind sie allenfalls „bezogen auf" den „emotionalen Geisteszustand" der jeweils wertenden Person oder als dessen manifester Ausdruck zu verwenden (Bed 24). Der Begriff „Wert" scheint sich deswegen oftmals auf *„freischwebende, scheinbar zufällige* Ideen darüber zu beziehen, was gut ist und was man zu tun hat. Den Individuen bleibt es überlassen, Werte je nachdem zu wählen, was es ihnen in den Kram passt" (Bed 28; Herv. i. Org.). Gerade damit kommt für Sayer eine problematische Tendenz von Liberalisten der Moderne zum Vorschein: Das Wesen des Guten wird allein als eine Sache der persönlichen Vorlieben und Abneigungen behandelt (Bed 45).

Geleugnet wird unter diesen Voraussetzungen also grundsätzlich, „dass wir notwendigerweise wertende (evaluative) Wesen sind, die ständig darauf zu achten und zu bewerten haben, wie es mit uns sowie mit den Dingen, die für uns von Bedeutung sind, so weiter geht. Wir müssen uns überdies entscheiden, was wir tun" (ebd.).[12] Knochenharte Szientisten würden vermutlich sagen, wir sind überhaupt keine derart merkwürdigen Wesen! Sayers anthropologische Annahme, so könnte der Vorbehalt lauten, bedeutet nichts als ein Selbstmißverständnis, das Disziplinen wie die moderne Hirnphysiologie oder eine wirklich wissenschaftliche Psychologie als Illusionen entlarven und meilenweit hinter sich lassen werden. Auch Sayer hält solchen Einwänden wie viele andere Werttheoretiker die Relevanz von normativ-analytischen Begriffen entgegen: Wohlbehagen und Unbehagen sind nicht einfach und immer nur Ausdruck subjektiver Befindlichkeit. Sie können vom Beobachterstandpunkt auch zu Urteilen führen, welche sich mit Fug auf die tatsächliche Befindlichkeit von Akteuren in einer Problemsituation beziehen. Zahllose Menschen *leiden tatsächlich* unter den Auswirkungen eines Krieges (Bed 7). Wenn nun der wissenschaftliche Beobachter das Vorhandensein des Leidens als solches benennt, dann fällt er rein sprachlich kein von allen Wertbestimmungen völlig freies Urteil, auch dann nicht, wenn er selbst wenig Mitleid mit den Betroffenen empfindet. Eine Problemsituation kann ohnehin – gewiss immer *auch* unter Voraussetzung der Neigungen und Zielsetzungen der Akteure – „objektiv", *tatsächlich gefährlich* sein. Sie kann sogar *an sich* extrem *gefährlich* sein, ohne dass dies den Handelnden selbst bewusst ist. Die Antwort des Szientisten könnte lauten: Es ist das Urteil des wissenschaftlichen Beobachters, dass sie gefährlich ist. „Gefahr" ist jedoch ebenfalls kein rein analytischer Begriff, es sei denn man schaffe tatsächlich den Gewaltakt, ihn

---

[12] Vgl. auch: "Wir sind ethische Wesen, nicht in dem Sinne, dass wir uns stets moralisch einwandfrei verhalten, aber in dem, dass wir dazu gelangen, Verhalten aufgrund gewisser Ideen vom Guten und Akzeptablen zu bewerten, wenn wir aufwachsen" (Bed 143).

lupenrein physikalistisch zu operationalisieren. (Etwa: Die Wahrscheinlichkeit ist >0.5., dass Dir der Himmel auf den Kopf fällt?). Es gibt genügend Beispiele dafür, dass Werte durchaus durch gute Gründe und rationale Überlegungen gestützt werden können. Man denke etwa an den schlichten und einfachen Befund, dass irgendeine Norm, irgendeine Regel oder irgendein Kriterium dadurch Geltungscharakter gewonnen hat, dass sie *tatsächlich* als Grundlage von Orientierungen und Aktionen geeignet sind, mit einer *wirklich* bestehenden Problemsituation besser zu Recht zu kommen. Dann hat man wohl doch einen guten Grund, sich daran zu halten. In Fällen wie diesen wurzeln die Wertideen nicht einfach nur in der kognitiven Definition oder sprachlichen „Konstruktion" einer Situation durch die Akteure. Denn Probleme stehen schlicht und einfach unserem Denken und Wollen in der Wirklichkeit im Weg. Das kann sie lästig, das kann sie aber auch anregend machen. Die Rücksicht auf diese *tatsächliche* Gegen-Ständlichkeit (egal, was Laien und/oder Experten so wissen) gehört, wenn man einer Sinnmöglichkeit der „Philosophie des Geldes" von Simmel nachgeht, zu den entscheidenden Voraussetzungen einer Exposition des Begriffes *Wert*. So gesehen gibt es Verbindungslinien zu denjenigen Argumenten in Georg Simmels „Philosophie des Geldes", welchen man eine Art Problemtheorie des Wertes entnehmen kann.[13]

Trotz allem kann die Dichotomiethese weiterhin mit der Meinung einhergehen, man müsse sich auch im Angesicht von Leiden als völlig „objektiver" und „neutraler" Beobachter aufführen, weil der wissenschaftliche Beobachter Vernunfturteil und Gefühlsausdruck streng getrennt halten *soll*. Denn Gefühle machten sich grundsätzlich als wertgeladene Störfaktoren für klare Einsichten bemerkbar. Für Sayer gibt es hingegen – ähnlich wie für H. Simon – so etwas wie „emotionale Vernunft" (vgl. Bed. 163). Er sieht in diesem Zusammenhang eine Tendenz am Werk, worauf schon Max Horkheimers „Kritik der instrumentellen Vernunft" gezielt hat: Der Modernismus weist die Tendenz auf, Gefühle als grundsätzlich irrational sowie Werte und Handlungsziele als außerhalb der Reichweite der Vernunft stehend zu behandeln. Das modernistische Denken reduziert zudem – ebenfalls Horkheimers kritischer Perspektive entsprechend – Rationalität auf die instrumentelle Vernunft, also die Sittlichkeit auf die Nützlichkeit.[14] „Diese Tendenz kann in

---

[13] S. o. S und ausführlicher J. Ritsert: Theorie praktischer Probleme, Kap. 4, Wiesbaden 2012, S. 43ff.

[14] Besser wäre es wohl, von einer Reduktion des Rationalitätsbegriff auf das andererseits lebensnotwendige Prinzip der Zweckrationalität und dessen Einsetzung als oberste Wertidee zu sprechen. Denn es erscheint mir sinnvoll, „instrumentelle Vernunft" auf „verkehrte Formen" der Zweckrationalität zu beziehen. „Verkehrt" beispielsweise dann, wenn repressive Ziele mit äußerster Effizienz verfolgt werden.

ihrer extremsten Form an der im Hauptstrom schwimmenden Wirtschaftstheorie abgelesen werden, welche die ungewöhnliche Natur des Kapitalismus unkritisch als ein System reflektiert, das nicht durch praktische Überlegungen im Hinblick darauf angeleitet wird, was man braucht, um das menschliche Glück (well-being) zu gewährleisten, sondern das auf das Ziel der Profitmaximierung ausgerichtet ist – eine rein abstrakte Quantität" (Bed. 40). Anders ausgedrückt: Fragen nach dem Glück der Menschen werden durch Fragen danach ersetzt, „was sich verkaufen lässt oder was man sich leisten kann" (Bed. 30). Daher ist uns oftmals das lieb und teuer, was wir uns nicht leisten können. Hinter all dem steht letztendlich das Menschenbild und die Wirklichkeit von Menschen im liberalen Kapitalismus, „die als autonom und in ihren Wahlhandlungen als frei angesehen werden, ohne ihre Wahlentscheidungen auf den Märkten rechtfertigen zu müssen" (Bed. 67). Auch anderen Menschen begegnet man in diesen gesellschaftlichen Verhältnissen letztendlich rein strategisch. Sie werden als bloßes Mittel für die eigenen Zwecke behandelt (vgl. Bed. 91).

Es ist offensichtlich, dass sich Andrew Sayer auf seine spezifische Weise – wie sehr viele andere kritische Theoretiker der Gesellschaft auch – mit seinen werttheoretischen Überlegungen in demjenigen Horizont bewegt, welchen ich als den „deontischen Rahmen" zusammengefasst habe.[15] Dieser liegt nach meinem Eindruck auch seiner Antwort auf die Frage zugrunde, auf welcher Grundlage bzw. von welchem Standpunkt aus soziale Phänomene kritisiert werden können (Bed 217).[16] Abgesehen von den einleuchtenden Hinweisen auf Gesellschaftsanalyse als Denken, das ideologiekritisch auf *die Reduktion von Illusion* in der Gesellschaft selbst abstellt" (Bed. 221), abgesehen von dem charakteristischen Motiv der Verdinglichungskritik als Kritik an der „Denaturalisierung" (Bed. 224), weil das, was wie eine zweite Natur erscheint, meistens auch anders sein könnte als es ist, nehmen auch für ihn kritische Theorien der Gesellschaft (bei all ihren Unterschieden und Gegensätzen) einen spezifisch deontischen Standpunkt ein: Es handelt sich um „den Standpunkt der Freiheit" als „Emanzipation von Zwang" (Bed. 225ff.). Das entspricht dem Autonomieprinzip der deontischen Ethik. Und dass dieses Prinzip, also die Achtung der Würde des Subjekts als wechselseitige Anerkennung des freien Willens, nicht ohne Rücksicht auf die Bedingungen der Möglichkeit des Glücks der

---

[15] Vgl. J. Ritsert: Moderne Dialektik …., Münster 2012, S. 155ff.

[16] Erstaunlich ist allerdings die nach meiner Auffassung schlechthin unsinnige, stereotypisierte Bemerkung Sayers, die Frankfurter Schule argumentiere von einem Standpunkt aus, der Prämissen im Hinblick auf das Glück vermeide. Wahrscheinlich ist dies eine Spielart des inzwischen wirklich total abgedroschenen Rigorismusvorwurfes gegen die Kantische Ethik (vgl. Bed. 220).

Menschen Bestands- und Entwicklungschancen haben kann, lässt sich mühelos selbst bei Immanuel Kant nachlesen (vgl. Bed. 189ff.). Bei dem so gern der Parteinahme für preußische Zucht als Triebunterdrückung gescholtenen Kant kann man ja nachlesen, dass der Universalismus in der Ethik – die Ansicht nämlich, dass es alle Menschen verpflichtende Gebote (Sollen) gibt – keineswegs die Unterdrückung der historischen Vielfalt der Neigungen der Personen im Gefolge haben muss (vgl. Bed. 99ff.). Der deontische Rahmen impliziert insofern Utilitarismuskritik, dass das Autonomieprinzip als oberste und universelle Norm behandelt wird – auch von Andrew Sayer. Dann heißt es (wiederum wie bei Kant) dass die Nutzenorientierung dazu führt, dass nicht nur „Dinge, sondern auch andere Menschen als bloße Mittel für unsere Zwecke" und nicht immer zugleich auch als Zweck an sich selbst behandelt werden – wie es der kategorische Imperativ gebietet (Bed. 91). Kaum ein Gesellschaftskritiker der Moderne und des kulturellen Modernismus, keine Kritik an der utilitaristischen Zentralthese, Zweckrationalität (Effizienz) bedeute den obersten Wert, der in letzter Instanz darüber entscheidet, was uns lieb und teuer ist, kommt – zustimmend oder ablehnend, implizit oder explizit – ohne den Rückgriff auf Wendungen aus, wie sie vor allem Kant dem klassischen deontischen Rahmen in der Moderne gegeben hat. Zu den *logischen* Schlüsselproblemen dieser Argumentationsfigur der politischen Philosophie gehört nicht allein eine Verhältnisbestimmung von Autonomieprinzip und Zweckrationalität, von anerkannter Würde und individuellem Glück, sondern auch die Einschätzung der Beziehungen zwischen Autonomie und Heteronomie. Im Hinblick auf die zentrale Frage nach dem Verhältnis von Willensfreiheit und Willensbedingung betont Sayer mit Recht: „Wir sollten es auch vermeiden, Autonomie und Heteronomie als dichotomische Terme" zu behandeln (Bed. 104). Schön und gut! Aber wie dann? „Deduktive Beziehungen bedeuten, wie Charles Taylor anmerkt, gerade eine der vielfältigen Formen der Schlussfolgerung oder der Beziehung zwischen Aussagen, und in der Praxis müssen wir uns anderer bedienen" (Bed. 51f.). Nur welcher – logisch exakter bestimmter – anderer? Vielleicht sogar dialektischer? Zur Darstellung von Antwortversuchen auf diese Frage empfiehlt es sich nach meiner Auffassung, die eindrucksvollen Texte zur Diskussion über Werte von Putnam und Sayers zu verlassen.

Wie weit reicht die Wertbeziehung der Wissenschaft?

Die *Hume-These* hat sich als weitgehend witterungsbeständig erwiesen. Aber diejenigen Wortmeldungen an den Akademien, welche die *Dichotomiethese* energisch in Frage stellen, haben sich deutlich vermehrt. Eine Hexenjagd ist inzwischen nicht mehr unbedingt zu befürchten, wenn Vorbehalte gegen die Darstellung von Werturteilen und Tatsachenaussagen als strikte Disjunktion angemeldet werden. Diese Tatsache kann als eines der Markenzeichen für all jene Tendenzen angesehen werden, welche des Öfteren als „post-positivistische Phase" in der Entwicklung der Wissenschaftstheorie der jüngeren Vergangenheit bezeichnet werden. Damit sind gemeinhin recht verschiedenartige Positionen gemeint, die auf dem Boden eines anderen Wissenschaftsverständnisses als dem des Szientismus arbeiten, also von einer grundsätzlichen Orientierung an den Vorbildwissenschaften der formalen (analytischen) Logik, der Mathematik und der experimentellen Physik signifikant abweichen. Auch wenn die Dichotomie-these von einigen Kritikern des Szientismus gleichsam als Relikt aus längst über-holten „positivistischen" Zeiten angesehen wird, ändert das nichts an einer naheliegenden Frage: Gut so. Aber mit abstrakten Vorbehalten gegen die These von der Dichotomie zwischen Sein und Sollen wird man des Problems einer angemessenen logisch-syntaktisch Verhältnisbestimmung von Werten und Tatsachen allem Anschein nach nicht so richtig Herr. Zwar erweisen sie sich oft-mals auch bei strengen „Positivisten" wider deren Willen als „verflochten", „ver-woben", „normativ-analytisch zugleich", „vermittelt" – und was sich sonst noch an dieser Stelle als Metapher oder auflösungsbedürftige Relationsaussage aufdrän-gen mag. Aber wie hat man sich diese „Verflechtungen" oder „Vermittlungen" logisch und inhaltlich etwas genauer vorzustellen? Vor Allem: Wie weit reicht der Einfluss von Werten auf die tatsachenbezogene Wissenschaft, ohne den Flurschaden der ideologischen Verzerrung und/oder gar der blanken Unwahrheit anzurichten? Die Darstellung der Details aller erreichbaren Reden und Widerreden

J. Ritsert, *Wert*, DOI: 10.1007/978-3-658-02194-8_6,
© Springer Fachmedien Wiesbaden 2013

zum Thema würde in einer beachtlichen Anhäufung von Gigabytes ausmünden. Dieser Essay hier versteht sich hingegen als ein „Kompendium". Das Wort *compendium* trägt im Latein auch die Bedeutung des kürzeren Weges – hoffentlich zu einem Ziel. Das Ziel besteht in Skizzen, die auf ganz allgemeine Art und Weise wenigstens die Richtung anzeigen sollen, in der verschiedenartige – an sich natürlich sehr viel komplexere! – Antworten auf die Frage danach gehen, wie weit der Einfluss von Werten auf „die" Wissenschaft reichen könnte, ohne dass sofort irgendeine Form des Irrtums, der Verfälschung oder der Ideologie das Resultat sein müsste. Dass die ausführlicheren Antworten selbst wieder kontrovers sind und mitunter sogar in regelrechte „science wars" unter Sympathisanten ausmünden können, versteht sich fast von selbst. Das gehört zum akademischen Geschäft.

6.1   Die grundsätzliche Wertbeziehung der wertfreien Wissenschaft (Max Weber)[1]

Selbstverständlich gibt es die verschiedensten Kausalfaktoren und Kausalgesetze, die auf unsere individuellen und/oder kollektiven Lebensäußerungen im Alltag einwirken. Sie entstammen der körperlichen und der seelischen Innenwelt („innere Natur"), der physischen Umwelt (Hegel: „1. Natur") sowie den gesellschaftlichen Verhältnissen (Hegel: „2. Natur"). Natürlich gibt es zu all dem *Einwirkungen* des einen Subjekts auf mindestens ein anderes, wenn sie sich von Angesicht und Angesicht gegenüberstehen und dabei mehr oder minder nachdrücklich „interagieren". Ebenso selbstverständlich gibt es Reize, die mit hoher Wahrscheinlichkeit bei den Gegenübern zu einem bestimmten Verhalten als Reaktion führen. Ein Teilnehmer an der lautstarken Interaktion zuckt womöglich erschreckt zusammen. Selbstverständlich wirken soziale Strukturen und Prozesse auf individuelle Lebensäußerungen ein. Aber auch klare Zielsetzungen, gute Gründe und vernünftige praktische Überlegungen können uns gelegentlich in Gang setzen und halten. Folgt man Max Webers berühmter Definition des sozialen Handelns im § 1 seiner „soziologischen Grundbegriffe", dann ist unter *Handeln* ein menschliches Verhalten zu verstehen, „(einerlei ob äußeres oder innerliches Tun, Unterlassen oder Dulden) … wenn und insofern als der oder die

---

[1] Vgl. Dazu ausführlicher J. Ritsert: Ideologie. Theoreme und Probleme der Wissenssoziologie, Münster 2002, S. 99ff. und ders.: Einführung in die Logik der Sozialwissenschaften, 3. Auflage im Digitaldruck, Frankfurt/M 2009, S. 27ff.

Handelnden mit ihm einen subjektiven *Sinn* verbinden. >>Soziales<< Handeln aber soll ein solches Handeln heißen, welches seinem von dem oder den Handelnden gemeinten Sinn nach auf das Verhalten (sowie die Sinnorientierungen – J. R) *anderer* bezogen wird und daran in seinem Ablauf orientiert ist."[2] Weber hat einmal mit Recht gesagt, sozioökonomische Begriffe wie „Wert", „Geld" oder „Produktivität" zählten zu den Schmerzenskindern der Sozialwissenschaften. Zu dieser Familie wird man getrost auch den Begriff des „Sinns" hinzunehmen müssen. Er wird nicht selten mit „Wert" gleichbedeutend verwendet. Wenn ich die Frage nach dem sprachlichen *Sinn* (als Menge relevanter Merkmale von Gegebenheiten) und der *Bedeutung* (als Referenz von Begriffen und Aussagen auf eine bestimmte Menge von Sachverhalte) ausklammere, dann lassen sich grob vier Hauptklassen von sozialwissenschaftlich relevantem *Sinn* zusammenstellen:

1. Aktorsinn.
2. Aktionssinn.
3. Sozialstruktureller Sinn.
4. Kulturelle Sinnsysteme.

Ad 1: Aktorsinn setzt sich aus den Sinnkomponenten zusammen, woran der Akteur selbst bei seinen Unternehmungen orientiert ist (s. o.: „subjektiver Sinn"). Dazu gehören seine Wissensbestände, seine Glaubensinhalte, Wertideen in Gestalt der Normen, Regeln und Kriterien, die seine Handlungen im Alltag mehr oder minder nachdrücklich anleiten. Charakteristisch sind zudem seine *normativen* sowie seine *antizipatorischen Erwartungen* in Bezug auf das Tun und Lassens anderer Menschen. Normative Erwartungen sind Erwartungen im Hinblick darauf, was andere tun *sollten* (Werturteile), antizipatorische Erwartungen stellen Erwartungen, gleichsam Alltagsprognosen im Hinblick darauf, was andere normalerweise in einer Situation tun *werden* (Tatsachenaussagen als Prognosen). Besonders trickreich sind die *Erwartungserwartungen*. Wir hegen Erwartungen hinsichtlich der Erwartungen, die andere uns gegenüber hegen werden. In diesem Falle mischen sich normative mit faktischen Bestimmungen. Selbstverständlich gehören auch die Pläne, Strategien, Ziele und Zwecke des Akteurs zum Sinn von Handlungen, die vom *Aktorstandpunkt* aus betrachtet („subjektiv") handlungsleitend sind. Das Problem des latenten (vorbewussten) und unbewussten Sinns von

---

[2] M. Weber: Wirtschaft und Gesellschaft, § 1 der „Soziologischen Grundbegriffe".

Lebensäußerungen bleibe hier ausgeklammert. Gemeint sind also verschiedenartige Inhalte des je individuellen Bewusstseins (Simmel: „Subjektive Kultur").

Ad 2: Unter *Aktionssinn* kann man sich Sinnkomponenten vorstellen, die dem Tun und Lassen der einzelnen Agenten oder Aktorgruppen vom *Beobachterstandpunkt* aus zugeschrieben werden (können). So mag der Handelnde selbst sein Vorgehen beim Mitteleinsatz unbekümmert als erfolgversprechend bewerten (Weber: „subjektive Zweckrationalität"), während der ein erweitertes Wissen reklamierende Beobachter dem armen Akteur wenig Erfolgsaussichten bei seinen Versuchen der Koordination von Mitteln und Zwecken unter den gegebenen Umständen nachsagt (Weber: „Objektive Richtigkeitsrationalität"). Ein anderes Beispiel liefert die Unterschätzung einer Problemsituation durch Handelnde, während die problematische Lage, *an sich, objektiv* viel brisanter ist als es sich die Beteiligten bislang ausgemalt haben.

Ad 3: Sozialstruktureller Sinn ist sicherlich kein geläufiger Begriff. Aber damit sollen hier vor allem die *Funktionen* gemeint sein, die Institutionen, Organisationen, gesamtgesellschaftliche Strukturen und Prozesse erfüllen oder auch nicht. Es gehört zum „Sinn" (= Zweck im Sinne der systemischen Funktion) einer Einrichtung, des Arbeitsamtes etwa, Langzeitarbeitslose „wieder in das Berufsleben einzugliedern." Dieser „Sinn" wurzelt eigentlich in dauerhaften *Bezugsproblemen* (Arbeitslosigkeit) und Systemproblemen wie der Allokation von Personen auf Funktionsstellen im Wirtschaftskreislauf der Gesamtgesellschaft. Mit Hilfe welcher Verrichtungen („Mechanismen") sowie mit welchem Grad der Effizienz gehen soziale Gebilde wie das Arbeitsamt mit ihrem zentralen Bezugsproblem um? D. h.: Erfüllen sie ihre Funktion oder ist das ziemlich sinnlos, was sie tun? Daran hängt nicht zuletzt ihre Wertschätzung. Auch die latenten Funktionen, die eine gesellschaftliche Einrichtung mit positiven oder negativen Resultaten erfüllen kann, gehören dazu. Die alte Streitfrage, ob die Analyse des Funktionsbegriffes zu wirklichen Unterschieden beim Vergleich mit der Kategorie der Kausalität und mit Kausalerklärungen führt, lässt sich hier nicht einmal antippen.[3]

Ad 4: Kulturelle Sinnsysteme. Gemeint ist der gesamte kulturelle Überbau einer Gesellschaft. Vor allem die Normen, Regel und Kriterien, welche den Individuen eines ganzen Kulturkreises (wie es etwa für die Staatsbürgerrechte gilt) und/oder einer Subkultur ein bestimmtes Denken und Handeln eröffnen oder verschließen, gehören dazu. Zum kulturellen Überbau (zum „gesellschaftlichen Bewusstsein") rechnen selbstverständlich Inhalte des religiösen Glaubens, der Wissenschaften,

---

[3] Vgl. J. Ritsert: Theorie praktischer Probleme, a.a.O.; S. 77ff.

des Rechts, der Moral, der historischen Sitten und Gebräuche, der Kunst (Simmel: „Objektive Kultur"). Webers Begriff der „Wertidee" bzw. der „Kulturwertidee" lässt sich m. E. am besten mit den Punkten 3 und 4 in Verbindung bringen. Das, was Weber „letzte Wertaxiome" nennt (GWL 157), bildet dabei die Teilmenge der obersten kulturellen Werte – also der „höchsten Ideale" oder „letzten Maßstäbe" einer Gesellschaft, wie er auch sagt (GWL 154 + 151). All die verschiedenen Wertideen der „objektiven Kultur" zeichnen den Individuen und Gruppen bestimmte Wege des Handelns und Richtungen ihres Denkens vor und schließen damit zwangsläufig andere Möglichkeiten aus (Selektivität). Einige Weisen des Vorgehens sind sogar verpflichtend geboten, andere werden durch strenge Verbote strikt ausgeschlossen (Recht und Moral). Einige Wertideen zeichnen also einen individuellen und/oder kollektiven Lebensstil vor, während wieder andere mögliche Stile der Lebensführung (etwa aufgrund geltender Normen der jeweils überlieferten Sitten und Gebräuche) abschatten, wenn nicht abschotten. Insofern legen die Kulturwertideen in wechselnden Graden fest, was für uns von Bedeutung ist, was nicht und was wir als unthematisierten Hintergrund von Denken und Handeln gar nicht in Erwägung ziehen (können).[4] So könnte man jedenfalls Webers schwierigen Begriff der *Kulturbedeutung* (auch) buchstabieren: „Die empirische Wirklichkeit ist für uns >>Kultur<<, weil und sofern wir sie mit Wertideen in Beziehung setzen; sie umfasst diejenigen Bestandteile der Wirklichkeit, welche durch jene Beziehung (auf Wertideen – J. R.) für uns *bedeutsam* werden, und nur diese" (GWL 175). Die Selektivität unserer Orientierungen und Handlungen im Alltag, welche von den Wertideen gesteuert wird, ist auch in den *Erkenntnisinteressen* aufgehoben, welche der wissenschaftlichen Arbeit sog. „Forschergemeinschaften" zugrunde liegen. „...keines jener Gedankensysteme, deren wir zur Erfassung der jeweils bedeutsamen Bestandteile der Wirklichkeit nicht entraten können, kann ja ihren unendlichen Reichtum erschöpfen" (GWL 207). Die einzelnen sozialwissenschaftlichen Forschergemeinschaften (Schulen) können daher die gesellschaftliche Wirklichkeit immer nur unter einem Erkenntnisinteresse, unter einem Gefüge von „Werten" studieren, das ihnen vorzeichnet, welche Phänomene der Untersuchung wert sind und welche nicht. Wer Effizienz als das oberste Wertaxiom ansieht, wird die Wirklichkeit anders studieren als jemand, welcher das

---

[4] So lassen sich nach meiner Auffassung Aussagen Max Webers wie z. B. die lesen, dass „*alles* Handeln, und natürlich auch, je nach den Umständen das *Nicht*-Handeln, in seinen Konsequenzen eine *Parteinahme* zugunsten bestimmter Werte bedeutet und damit – was heute so besonders gern verkannt wird – regelmäßig *gegen andere*" (GWL 150; Herv. i. Org.).

Autonomieprinzip als die höchste Wertidee der praktischen Vernunft auszeichnet. Weber weist jedoch immer wieder darauf hin, dass die erkenntnisleitenden Interessen der verschiedenen Forschergemeinschaften *semantisch* in letzter Instanz mit dem Inhalt von Wertideen in Geschichte und Gesellschaft, also *außerhalb* des Wissenschaftsbetriebs („extern") übereinstimmen – ihnen zumindest familienähnlich sind. „*…was* Gegenstand der Untersuchung wird und wie weit diese Untersuchung sich in die Unendlichkeit der Kausalzusammenhänge erstreckt, das bestimmen die den Forscher und seine Zeit beherrschenden Wertideen" (GWL 184). An einigen interessanten Stellen erweitert er seine These von der Fundierung wissenschaftlicher Erkenntnisinteressen in der „Kulturwirklichkeit" jedoch dahingehend, dass er den Anker – auf interessante Weise über subjektive Wert*ideen* hinausgehend! – in den Boden tatsächlich in Geschichte und Gegenwart bestehender Kultur*probleme* eingräbt. Dann geht er beispielsweise davon aus, „dass in den Wissenschaften von der menschlichen Kultur die Bildung der Begriffe von der Stellung der Probleme abhängt und dass diese letztere wandelbar ist mit dem Inhalt der Kultur selbst" (GWL 207).[5] Die auf diese Weise auf Wertideen und/oder Probleme (auch praktische Probleme!) in der Wirklichkeit der Gesellschaft in ihrem Inhalt rückbezogenen Erkenntnisinteressen einer Forschergemeinschaft zeichnen vor, was für ihre Mitglieder überhaupt einen relevanten Untersuchungsgegenstand darstellt und in welchen Hinsichten (Untersuchungsdimensionen) er – angesichts der unendlichen Fülle seiner Merkmale – *selektiv* erforscht werden soll und kann. M.a.W.: Die Beziehung auf allgemein gesellschaftliche Kulturwertideen und/oder Kulturprobleme legt den Inhalt der besonderen Erkenntnisinteressen fest, auf die (bewusst oder vorbewusst) gestützt, die Mitglieder einer Forschergemeinschaft die für sie relevanten Untersuchungsgegenstände und Untersuchungsdimensionen auswählen. Die Ergebnisse der „kulturwissenschaftlichen Arbeit" können nun ihrerseits auf die gesellschaftlichen Wertideen und/oder Kulturprobleme zurückwirken. Diese Rückkoppelung auf die Gesellschaft kann sich in dem breiten Spektrum eines möglichen empirischen Praxisbezugs wissenschaftlicher Einsichten bewegen: Vom gezielten und kontrollierten Einsatz für klar bestimmte Probleme und Aufgaben, über ihre mediale Verbreitung in „Öffentlichkeiten", über ungeplante Nebenfolgen bis hin zur völlig unübersichtlichen Diffusion wissenschaftlicher Einsichten in alle möglichen und unmöglichen Lebensbereiche der Gesellschaft hinein. Webers kulturwissenschaftliche Argumentationsfigur lässt sich von daher zu einer Art Rückkoppelungsschleife zusammenfügen, die ich das „wissenssoziologische Kreislaufmodell" nenne

---

[5] Natürlich entsteht damit der Verdacht des Kulturrelativismus. Ob und inwieweit Weber an solchen Stellen dem Historismus bzw. Kulturrelativismus verpflichtet ist, lasse ich offen.

(Kap. 7). Auf dem Hintergrund dieses Modells kann Weber in der Tat – allerdings nur, wenn man die Dichotomiethese akzeptiert!! – ohne jede Kontradiktion behaupten, die Kulturwissenschaften seien grundsätzlich völlig *wertfrei* zu betreiben und verführen dennoch ebenso grundsätzlich *wertbezogen*. Unter seinen Voraussetzungen widerspruchsfrei ist dann auch die überraschende Feststellung: „*Gesinnungslosigkeit* und *wissenschaftliche* >>Objektivität<< haben keinerlei innere Verwandtschaft" (GWL 157).

6.2   Lebensweltliche Horizonte und wissenschaftliche Theoriebildung (Edmund Husserl)

Einige Grundvorstellungen über das Verhältnis von alltagsweltlichen Sinnsystemen und wissenschaftlichem Wissen, die mit Max Webers Modell der Kulturwertbeziehung vergleichbar sind, finden sich auch bei dem Philosophen Edmund Husserl (1859–1938) vor. Husserl wendet sich nicht nur gegen den Mythos „der reinen Wissenschaft", sondern betrachtet auch das Idealbild wissenschaftlichen Wissens überhaupt, das (szientistische, d. h. an der Vorbildwissenschaft der mathematischen Physik orientierte) Denken *more geometrico* im Lichte von Thesen, die alles andere als das Entzücken gestandener Naturwissenschaftler erregt haben. Denn für viele szientistisch denkende Kopfarbeiter gilt es (bei allen Korrekturen, Veränderungen und Erweiterungen, welche der Szientismus bis heute erfahren hat) immer noch: „…mit der Euklidischen Geometrie war die höchst eindrucksvolle Idee einer auf weit- und hochgestecktes ideales Ziel ausgerichteten, systematisch einheitlichen deduktiven Theorie erwachsen, beruhend auf 'axiomatischen' Grundbegriffen und Grundsätzen, in apodiktischen Schlussfolgerungen fortschreitend – ein Ganzes aus reiner Rationalität, ein in seiner unbedingten Wahrheit einsehbares Ganzes von lauter unbedingten und mittelbar einsichtigen Wahrheiten" (KR 19). Dass der in dieser Aussage aufscheinende Begriff der Wahrheit als ein Ganzes von unbedingten und unmittelbar evidenten Einsichten heutzutage noch viele ernsthafte Anhänger hat, daran können erhebliche Zweifel angemeldet werden. Aber das ändert nicht viel an der Stoßrichtung der Husserlschen Kritik am „Objektivismus" (wie bei ihm der Szientismus heißt) sowie an dem damit verbundenen „unausrottbare(n) Schein eines reinen Denkens" (KR 137). „Das Charakteristische des *Objektivismus* ist, dass er sich auf dem Boden der durch Erfahrung selbstverständlich vorgegebenen Welt bewegt", aber die Frage nach den Konsequenzen dieses unauflösbaren Zusammenhangs von wissenschaftlichem Wissen und alltäglicher Lebenswelt für Theoriebildung und Forschung nicht konsequent genug aufwirft. (KR 70; Herv.

i. Org.). Die Voraussetzung eines nicht auflösbaren Zusammenhangs zwischen Sinnkomponenten, die in der Lebenswelt des Alltags Funktion und Bedeutung haben mit Erscheinungsformen noch eines noch so abstrakten und Bestände des Alltagswissens negierenden und transformierenden Wissens kann man *Husserls Theorem* nennen. Er hat es in seinem Buch über die Krisis der objektivistischen Wissenschaften Europas zum Beispiel auf folgende Weisen zusammengefasst:

* „Es gehört zu den allem wissenschaftlichen Denken und allen philosophischen Fragestellungen vorausliegenden Selbstverständlichkeiten, dass die Welt ist, immer im Voraus ist, und dass jede Korrektur einer Meinung, einer erfahrenden oder sonstigen Meinung, schon seiende Welt voraussetzt, nämlich als einen Horizont von jeweils unzweifelhaft Seiend-Geltendem, und darin irgendeinen Bestand von Bekanntem und zweifellos Gewissem, mit dem das ev. als nichtig Entwertete in Widerspruch trat. Auch objektive Wissenschaft stellt nur Fragen auf dem Boden dieser ständig im Voraus, aus dem vorwissenschaftlichen Leben her, seienden Welt." (KR 113)
* „Mit einer kurzen Vergegenwärtigung früherer Ausführungen sei erinnert an die geltend gemachte Tatsache, dass Wissenschaft eine menschliche Geistesleistung ist, welche historisch und auch für jeden Lernenden den Ausgang von der als seiend allgemeinsam vorgegebenen, der anschaulichen Lebenswelt voraussetzt" (KR 123).
* „Dabei kommt eben auch in Frage das in verschiedenen allgemeinen Weisen immer wieder erfolgende Zurückgreifen des Wissenschaftlers auf die Lebenswelt mit ihren stets verfügbaren anschaulichen Gegebenheiten, wozu wir gleich mitrechnen können seine ihr jeweils schlicht angepassten Aussagen, rein deskriptiv in derselben vorwissenschaftlichen Urteilsweise vollzogen, die den okkasionellen Aussagen inmitten des praktischen Alltagslebens eigen ist" (KR 125).

Der Kern von *Husserls Theorem* bildet also die Aussage, alle Wissenschaften – mögen sie noch so hoch formalisiert sein – bauten „auf der Selbstverständlichkeit der Lebenswelt" kritisch auf, „indem sie von ihr her das für ihre jeweiligen Zwecke jeweils Nötige sich zunutze machen" (KR 128). Das „Wissen von der objektiv-wissenschaftlichen 'gründet' in der Evidenz der Lebenswelt" (KR 133). Ähnlich wie bei der von einer Reihe von Szientisten akzeptierte These, dass die Umgangssprache die letzte Metasprache (auch jener Wissenschaftssprachen, welche alltagssprachlich vertretene Einsichten kritisieren und transformieren, zudem auch jener Wissenschaftssprachen die analytisch klärend über Wissenschaftssprachen reden) darstellt, übernimmt bei Husserl die „Lebenswelt" offensichtlich die Funktion eines „Bodens" (vgl. KR 158 + 229), eines Grundes, von dem alle „theoretische oder

außertheoretische Praxis" allemal ausgehen und in den sie immer wieder zurückge-
hen muss (Krisis 145). Deswegen spricht er auch von einem „lebensweltlichen
Apriori" (KR 143). Aber aus welchem Stoff ist die Lebenswelt gemacht? Eine von
Husserls Buch ziemlich nahegelegte Antwort lautet: aus *Sinn*! Ich denke, bei ihm
geht es in der Tat vorwiegend um Sinnkomponenten von der Art, wie sie oben
(S. 58ff.) in vier Klassen eingeteilt wurden. Dabei nimmt allem Anschein nach das in
der Alltags- bzw. Umgangssprache aufgehobene *Wissen* einschließlich der vorbewussten – gleichsam selbstverständlichen und normalerweise unbedachten –
Routinen und Rezepte für den Umgang mit Aufgaben und Problemen eine zentrale
Stellung ein. Die lebensweltlichen Selbstverständlichkeiten, die alles menschliche
Denken und Handeln tragen, bilden einen Horizont, den keine Reflexion jemals
erschöpfend erfassen und darstellen, den sie aber auch nicht vollends hinter sich lassen kann. „Das natürliche Leben ist, ob vorwissenschaftlich oder wissenschaftlich,
ob theoretisch oder praktisch interessiertes, Leben in einem universalen unthemati-
schen Horizont" (KR 148). Dieser ist wahrlich kein System *nur* von Unwahrheiten,
Irrtümer und Ideologien, also nicht der bloße Schein. Es gibt zudem einige Stellen,
an denen Husserl zudem auf *Interessen* als wichtige Bestandteile der gesellschaftlichen Praxis aufmerksam macht, „die das natürlich normale menschliche Weltleben
ausmachen" (KR 121).[6] Lebensweltliche Selbstverständlichkeiten bilden mithin
auch „den Boden aller unserer Interessen, unserer Lebensvorhaben, unter welchen
die theoretischen der objektiven Wissenschaften nur eine besondere Gruppe bilden"
(KR 157).[7] Der Hinweis auf individuelle oder kollektive Interessen sowie auf das
„Berufsleben" als vage Anspielung auf materielle Existenzbedingungen, könnte darauf hindeuten, dass zu Husserls „allgemeiner Struktur der Lebenswelt" mehr gehört
als nur irgendeine der Erscheinungsformen von Sinn (vgl. KR 142). Sehr weit ausgeführt sind die Überlegungen dazu nicht.[8] Auch Alfred Schütz, der entscheidende
Thesen der phänomenologischen Philosophie Husserls sowie nicht zuletzt der *ver-
stehenden* Soziologie Max Webers aufgreift und als Projekt zur soziologischen

---

[6] An anderer Stelle spricht er von den „habitualisierten Interessen" in „unserer
Berufstätigkeit" (Krisis 139).

[7] Vgl. Dazu J. Ritsert: Problem, Interesse und Wert, Materialien zur Kritischen Theorie der
Gesellschaft, Heft 13, Frankfurt/M 2013.

[8] Die sog. "phänomenologische Soziologie" wurde im unmittelbaren Anschluss an Husserl
insbesondere von Alfred Schütz (1899–1959) begründet. In dem Buch A. Schütz/Th.
Luckmann wird eine detaillierte Untersuchung der Strukturen der Lebenswelt durchgeführt.
A. Schütz/Th. Luckmann: Strukturen der Lebenswelt, Band 2, Frankfurt/M 1984. Diese
Überlegungen beeinflussen ihrerseits soziologische Schulen wie die „Ethnomethodologie",
für die allerdings der Übergang vom Alltagswissen zur Alltagssprache als Äther der
Lebenswelt charakteristisch ist.

Untersuchung der Lebenswelt ausbaut, hebt *Sinn* ausdrücklich als zentralen Begriff der Sozialwissenschaften hervor, der einer genauen Analyse bedürfe (SASW 20). Ganz bestimmt! Vorfindliche „Sinngebilde (werden) zum Gegenstand der Betrachtung gemacht" (SAWS 19). Husserls Lehre vom lebensweltlichen Horizont als Boden unseres alltäglichen Denkens und Handelns teilt Schütz ebenfalls auf seine Weise. Er setzt sich jedoch kritisch mit unserer Haltung auseinander, „im täglichen Leben naiv mit der Vorgegebenheit einer homogenen und unserer Auffassung konformen Außenwelt (zu) rechnen" (SAWS 16). Diese Kernvorstellung gehört zu dem von Philosophen sog. „naiven Realismus", welcher nicht nur zahllose Gegebenheiten der Lebenswelt als Selbstverständlichkeiten hinnimmt, sondern dem alltagsweltlichen Wissensvorrat normalerweise die Kraft einer unmittelbaren Erfahrung „der Wirklichkeit" zutraut. Ethnomethodologen werden diese Haltung später als die des „mundanen Denkens" bezeichnen. Zur Lebenswelt gehört mithin – wie bei Husserl – „die ungeprüfte Hinnahme des im täglichen Leben >Selbstverständlichen<" (SASW 17). Die Soziologie hingegen reflektiert auf diese Selbstverständlichkeiten. Ähnlich wie Max Weber betont auch Schütz, dass sie dabei dem „subjektiv vermeinten Sinn" – und damit sind ja Orientierungen der Akteure aufgrund von Sinnkomponenten der Alltagswelt gemeint – Rechnung zu tragen hat. Alle Sozialwissenschaften haben es so gesehen mit einem durch die Handelnden selbst immer schon „sinnhaft" vorinterpretierten Material zu tun. In den Worten von Schütz selbst ausgedrückt: „So ist allen Sozialwissenschaften ein Material vorgegeben, das die Eigenart besitzt, bereits in einer vorwissenschaftlichen Stufe jene Elemente des Sinns und des Verstehens (von Sinn – J. R.) zu enthalten, welche innerhalb der deutenden Wissenschaft selbst mit dem Anspruch auf kategoriale Geltung mehr oder minder explizit auftreten" (SASW 18). Wiederum ähnlich wie Max Weber und gemäß der vorgeschlagenen Differenzbestimmung zwischen Aktorsinn und Aktionssinn trifft A. Schütz eine Unterscheidung zwischen „subjektivem und objektiven Sinn" (SASW 42ff.). So kann „ein sprachlicher Ausdruck … als >>objektiver Sinnzusammenhang<< aufgefasst werden, ohne dass es eines Rekurses auf die die Sprache Sprechenden bedürfte" (SASW 44). Objektiver Sinn scheint in diesem Fall zweierlei zu bedeuten: (a) Vom Beobachterstandpunkt aus interpretierter und u. U. kritisierter Sinn, welcher das Denken und Handeln der Akteure selbst anleitet. (b) Überindividuelle Normierungen wie z. B. Sprachregelungen, also wohl vorwiegend der Kategorie 4 der oben vorgeschlagenen Einteilung entsprechender Sinn (s. o. S. 60). Zu dieser Kategorie gehören beispielsweise Regeln und „Verstehen" hätte in ihrem Falle die Bedeutung von *Regelverstehen*. Eine Regel, auch eine Sprachregel, verstehe ich, wenn ich es gelernt habe, ihr praktisch zu folgen. Das gilt natürlich auch für Handlungsregeln, wobei Sprechen ja ohnehin als Sprechhandeln zu betrachten ist.

6.3   Erkenntnis und Interesse – Ein Umbau (J. Habermas)[9]

Jürgen Habermas hat in seinem Vortrag über „Erkenntnis und Interesse" (EuI) aus dem Jahre 1965 ein von Husserl inspiriertes geschichtsphilosophisches Grundmodell entworfen, das den Zusammenhang zwischen „der reinen Theorie mit der Lebenspraxis" im Allgemeinen, „des Interesses" mit Typen menschlichen Wissens sowie der modernen Wissenschaft im Besonderen umreißen soll. Sein Aufsatz hat auch in angelsächsischen Ländern eine besondere Aufmerksamkeit bei Wissenschaftstheoretikern und/oder Wissenschaftssoziologen erregt. Wiederum ähnlich wie Edmund Husserl geht auch Jürgen Habermas von der alltäglichen Lebenswelt aus. Sie spielt bei ihm gleichermaßen die Rolle eines Bodens oder Grundes für noch so abstrakte und sich kritisch davon distanzierende Wissenschaften. Er verschärft und präzisiert jedoch die These, dass es spezifische *Interessen* sind, die den Wissenschaften *zugrunde* liegen. Um diese schwierige Beziehung zu erläutern, teilt er das systematische Wissen in drei große Klassen ein. Sie beziehen sich zunächst auf Typen der wissenschaftlichen Theoriebildung und Forschung in der jüngeren Vergangenheit und Gegenwart. Doch dahinter stehen für ihn drei Grundmuster menschlichen Wissens bzw. menschlicher Wissenschaftsansprüche in der Geschichte überhaupt (s. u.). Neuzeitlich sind:

1. Die empirisch analytischen Wissenschaften Sie sind weitgehend mit den Naturwissenschaften der Moderne gleichzusetzen, insoweit diese auf analytisch klare Begriffsbestimmungen, widerspruchsfrei verbundene Gesetzeshypothesen, strenge Kausalanalysen, mathematisch genaue methodische Messungen, auf Datenfeststellungen vor allem mit den Mitteln von Experiment und Beobachtung („Empirie"), stimmige Erklärungen und zutreffende Prognosen abstellen. Das logisch-syntaktische Ideal der Wissensformierung stellt die axiomatisch-deduktive Theoriebildung (*more geometrico*) dar. Was immer „unter einem leitenden Interesse stehen" bei Habermas genauer bedeuten mag (s. u.), nach seiner Auffassung stehen die empirisch-analytischen Wissenschaften „unter dem leitenden Interesse an der möglichst informativen Sicherung und Erweiterung erfolgskontrollierten Handelns" (EuI 115). Es handelt sich offensichtlich um ein die Erkenntnis leitendes Interesse, um ein *Erkenntnisinteresse*. Doch anders als bei Weber (s. o.) ist kein Interesse an Erkenntnis gemeint, das eine mehr oder minder einverständige Orientierung der Mitglieder einer Forschergemeinschaft stiftet. Gemeint ist m. E. vielmehr die *innere* Ausrichtung eines ganzen Wissenschaftstypus (ganzer *Theoriegebäude* und nicht bloß

---

[9] Vgl. dazu J. Ritsert: Erkenntnis, Interesse und Ideologie, Materialien zur Kritischen Theorie der Gesellschaft, Heft 5, Frankfurt/M 2010., S. 13ff und ders.: Ideologie. Theoreme und Probleme der Wissenssoziologie, Münster 2002, S. 99ff.

der Wissenschaftlerorientierungen) auf eine ganz bestimmte *Praxis* in der Gesellschaft.
D. h.: Der empirisch-analytische Theorietyp ist immanent so angelegt, dass er in
„Funktionskreise" (Habermas) erfolgsorientierten Handelns in der gesellschaftlichen Praxis
eingehen kann. Eine Praxis dieser Art bezeichnet er auch als „instrumentelles Handeln". Es
besteht in *zweckrational* orientierten Umgangsformen mit Stoffen und Dingen. Damit entspricht es den Imperativen der Geschicklichkeit in Kants praktischer Philosophie und hat
seinen materiellen Kern in der individuellen Arbeit (und kollektiven Produktion) für den
Lebensunterhalt. Das „strategische Handeln" hingegen versteht sich als ebenfalls *zweckrational* ausgerichtete Interaktion mit anderen Menschen. Bei Kant entsprechen dem die
Imperative der Klugheit.

2. Die historisch-hermeneutischen Wissenschaften bilden bei Habermas den zweiten
umfassenden, aber in sich ebenfalls höchst differenzierten Wissenstypus der Moderne. Er
grenzt ihn gegen das auf mathematische Messoperationen, Beobachtungen, Laborexperimente
gestützte Wissenschaftsverständnis und dessen Ideal der axiomatisch-deduktiven
Theoriebildung ab. Denn die historisch-hermeneutischen Wissenschaften zielen demgegenüber auf das Verstehen von *Sinn* (s. o.) Historische Hermeneutik betreibt die Exegese
des Sinns von Dokumenten oder anderer Zeugnisse der geschichtlichen Überlieferung. Sie
steht somit unter einem *historisch-hermeneutischen Erkenntnisinteresse.* Die entsprechenden
Aussagensysteme sind *immanent* auf die Aneignung (nicht zuletzt normativer) Sinngehalte
angelegt, deren Exegese die Bewahrung oder Veränderung aktueller Gegebenheiten in Basis
und Überbau unterstützen soll. Sie sagen uns z. B. angesichts der gegenwärtig bestehenden Verhältnisse, wo wir herkommen, was wir sind und welche Konsequenzen aus der
Überlieferung womöglich für die Bearbeitung von Problemen der Gegenwart sowie für die
Einsicht in Problemsituationen gezogen werden können – oder nicht.

3. Die kritisch-orientierten Wissenschaften zeichnen sich nach Habermas' Verständnis
vor allem durch moderne Projekte zur Ideologiekritik und Verdinglichungskritik aus. Die
entsprechenden Theorien weisen eine *innere* praktische Bezugnahme auf Möglichkeiten der
Befreiung von Menschen „aus der Abhängigkeit von hypostasierten Gewalten" auf (EuI 118).
Hypostasierte Gewalten wiederum stehen uns in Formen einer Repression der Willensfreiheit
durch die Effekte von Privileg, Diskriminierung und Macht (als gezielte Unterdrückung), aber
auch in Gestalt des „stummen Zwangs" der Verhältnisse (Marx) entgegen. So gesehen stehen
die kritischen Wissenschaften unter einem *emanzipatorischen Erkenntnisinteresse.* Habermas
kommt es vor allem darauf an, dass der gesellschaftskritisch orientierte Theorietyp soziale
Prozesse nicht einfach wie Quasi-Naturgesetze oder alternativlosen Sachzwänge hinnimmt,
sondern prüft, „wann die theoretischen Aussagen invariante Gesetzmäßigkeiten des sozialen
Handelns überhaupt und wann sie ideologisch festgefrorene, im Prinzip aber veränderliche
Abhängigkeitsverhältnisse erfassen" (EuI 117). Das emanzipatorische Erkenntnisinteresse ist
zudem von Selbstreflexion geprägt, weil es u. a. darum geht, die Menschen von Zwängen zu
befreien, deren Urheber sie oftmals selbst sind und die ihnen doch wie rein äußerliche und
gleichsam naturwüchsig hinzunehmende Gewalten gegenüberstehen. Diesen Schleier vor den
eigenen Handlungskonsequenzen und Befindlichkeiten gilt es zu durchstoßen.

In Habermas' Darstellung der Beziehungen zwischen Erkenntnis und Interesse tau-
chen gelegentlich Hinweise auf ein „transzendentales Subjekt" auf. Das Verhältnis
dieser Kategorie zu ihren Ursprüngen in der Transzendentalphilosophie von Kant

ist für mich alles andere denn leicht nachzuvollziehen. Vielleicht ist letztlich das gemeint, was bei Kant das „Ich denke" als oberste „Bedingung der Möglichkeit der Erkenntnis" heißt? Wie dem auch sein mag, ich setze in diesem Falle das bei Habermas auftretende „transzendentale Subjekt" schlicht und einfach mit „Vernunft" als Inbegriff all unserer Fähigkeiten und Ressourcen gleich, zu stichhaltigen Erkenntnissen und erfolgreichen Handlungen welcher Art auch immer vorzudringen. Von daher lässt sich eine weitere seiner Thesen leichter entziffern: Diese „Leistungen des transzendentalen Subjekts", so heißt es, „haben ihre Basis in der Naturgeschichte der Menschengattung" (EuI 119). Das ist offensichtlich eine universalgeschichtliche Behauptung. Wissen als Erkenntnis über die Lebenswelt und Handlungsmöglichkeiten darin hat die Menschengattung in der Tat von Anfang an angestrebt und in wechselndem Ausmaß sowie in steigenden Graden der Komplexität und Stichhaltigkeit oftmals auch erreicht. Habermas verallgemeinert von daher seine Klassifikation der Wissenschaften der Neuzeit zu einer Typologie von Wissensansprüchen in der Gattungsgeschichte der Menschheit überhaupt. Immer schon angestrebt wurden seiner Auffassung nach:

– *Technisch verwertbare Informationen.* Danach streben in der Tat schon die Ur- und Frühmenschen. Denn erfolgreiche Koordination von Mitteln zu Zwecken ist für sie genauso wichtig wie für die Individuen in später kommenden und viel komplexeren Lebenswelten. Die Urmenschen erfinden und verbessern ihre Jagdtechniken, die Frühmenschen machen so sensationelle und umwälzende Erfindungen wie das Rad oder Ackerbau und Viehzucht usf. Es gibt ein durchgängiges Erkenntnisinteresse der Gattung an erfolgreicher Technik.
– *Interpretationen überlieferter und handlungsorientierender Sinngehalte.* Jede Aneignung von Traditionsbeständen, jede Orientierung an Sitten und Gebräuchen bedeutet – wie etwa beim frühen Ahnenkult – das Lernen und die ständige Ausdeutung überlieferter und das Handeln anleitender Sinngehalte. Man erinnere sich nur der Rolle, welche die archaischen Experten für die Vermittlung des Übersinnlichen und Heiligen, die Zauberer und Schamanen etwa, in der Frühgeschichte spielte. Dem entspricht ein allgemeines Interesse an sprachlicher Verständigung.
– *Kritische Analysen.* In diesem Falle drängt es sich auf, an die ebenfalls schon zu antiken Zeiten beginnenden Prozesse der *Aufklärung* zu denken. Den Vorgang der Zurückdrängung „hypostasierter Gewalten" (Habermas) gibt es ja schon früh in der Geschichte etwa in der Gestalt von Empfehlungen und Versuchen zur Befreiung des Denkens und Handelns von den Einflüssen, die Geister, Gespenster und Dämonen ausüben. Aufklärung bedeutet daher auch „Entzauberung der Welt" (M. Weber) und zu dieser wiederum gehört die Befreiung von Mythen.

„Seit je hat Aufklärung im umfassendsten Sinn das Ziel verfolgt, von den Menschen die Furcht zu nehmen und sie als Herren einzusetzen."[10] Das alles verweist auf ein Interesse an Emanzipation.

Von diesen drei verallgemeinerten Erkenntnisinteressen sagt Habermas nun, sie „gründeten" ihrerseits in *Gattungsinteressen*. Implizit wird also eine Differenz zwischen *Erkenntnisinteressen* und *Gattungsinteressen* in Anspruch genommen. Habermas hat diesen Unterschied kaum näher ausgeführt. Folgende Vertiefungen und Ergänzungen des Modells halte ich für sinnvoll: Die grundlegende Kategorie „Gattungsinteresse" kann dann leicht in die Irre führen, wenn damit nichts anderes – wie etwa bei Max Weber – als eine selektive, kollektiv-kognitive Struktur von Relevanzkriterien einer Gemeinschaft gemeint sein sollte. Demgegenüber könnte es entschieden hilfreicher sein, die Gattungsinteressen als *reale Systemprobleme* der Menschengattung (Gattungsprobleme) zu deuten. Systemprobleme stellen objektive, tatsächlich bestehende Hindernisse bei Versuchen, dar, einen Systemzustand aufrechtzuerhalten oder herbeizuführen. Es gibt in diesem Falle jedoch keine eindeutigen Strategien und Mechanismen, die in klaren Schritten zur Beseitigung des Problems oder zu seiner Verwandlung in eine dauerhafte Aufgabe führten, mit der sich so einfach umgehen lässt wie mit einer Rechenaufgabe aufgrund unserer Kenntnis von Algorithmen von der Art der Arithmetik. Unter „Systemproblemen" wären damit Zielzustände des gesamten Lebensprozesses der Menschengattung zu verstehen, die auf welchen verschlungenen Wegen und Umwegen, mit welchen historisch verschiedenartigen, niemals den Erfolg wirklich garantierenden Veranstaltungen auch immer, angestrebt werden *müssen*, wenn sich eine Gesellschaft auf welchem Niveau auch immer reproduzieren will. Man kann m. E. der Information in zahlreichen soziologischen Lexika vertrauen, wenn man ihnen drei zu Habermas' Typologien passende Systemprobleme dieses Kalibers entnimmt:

– *Das Problem der materiellen Reproduktion des individuellen Lebens im gemeinsamen Lebenszusammenhang*. Es lässt sich – wie Marx sagt – in der Tat schwer vorstellen, dass eine Gesellschaft auch nur mittelfristig überdauern könnte, würden sämtliche historisch so verschiedenartigen Versuche grundsätzlich scheitern, Mittel für den Lebensunterhalt durch individuelle *Arbeit* sowie durch friktionsreiche Zusammenarbeit in der *Produktion* herzustellen und zu verteilen.
– *Das Problem der sexuellen Reproduktion*. Mit der Gattung und/oder einer spezifischen Gesellschaftsformation ist es auch schnell aus, wenn der Nachwuchs

---

[10] M. Horkheimer/Th. W. Adorno: Dialektik der Aufklärung, Amsterdam 1947, S. 13.

ausbleibt. Damit geht es um das Geschlechter- und Generationenverhältnis, das historisch ebenfalls ganz verschieden reguliert wird. Auch in diesem Falle gibt es keine absolut eindeutigen und den gewünschten Erfolg überall und jederzeit garantierenden Maßnahmen.

– *Das Problem der kulturellen Reproduktion.* Selbstverständlich stehen die Mitglieder einer jeden Gesellschaft vor dem Problem, für die Überlieferung von Systemen kultureller Wertideen der verschiedensten Art immer wieder (in Sozialisationsprozessen) zu sorgen. Dabei geht es immer auch um die Bildung persönlicher Identität und die Formierung von Charakterstrukturen der Einzelnen (Enkulturation).

Diese drei Bezugsprobleme muss also eine jede Gesellschaft bearbeiten, um im Zeitablauf bestehen zu können, ohne dass es *die* eine Strategie bzw. *den* einen Ablauf gäbe, der eine dauerhafte und reibungslose Lösung dieser Probleme garantierte. Sie werden im Verlauf der Geschichte auf die kulturell verschiedensten Weisen und mit wechselnden Graden des Erfolgs angegangen. Dass die Gattungsinteressen den erwähnten allgemeinen Typen der Wissensformierung „zugrunde liegen", bedeutet bei Habermas sicher nicht einfach, dass sie diese als letzte Quelle von Wirkungen kausal bestimmen. Wenn er „transzendental" sagt, dann kann dies der Tendenz seiner Argumentation und meines Umbauversuches folgend auch heißen: Es handelt sich bei den die Wissenstypen kennzeichnenden Erkenntnisinteressen nicht bloß um die Orientierung von Mitgliedern einer Forschergemeinschaft an universellen und/ oder kulturspezifischen Wertideen (im Sinne der „Wertbeziehung" der Forschung nach der Wissenschaftslehre von Max Weber), sondern darüber hinaus um die *innere* Ausrichtung eines ganzen Wissenstypus auf praktische Probleme, eben jene universellen und kollektiven Bezugsprobleme der Menschengattung *draußen* in der wirklichen Praxis. „Die Einstellung auf technische Verfügung, auf lebenspraktische Verständigung und Emanzipation legt nämlich die spezifischen Gesichtspunkte fest, unter denen die wir die Realität als solche erst auffassen können" (EuI 160). Es kann hier nur der innere Praxisbezug der Theorietypen selbst, nicht bloß die wertbezogene Attitude von Forschern gemeint sein! Es überrascht, dass Max Weber, der gemeinhin und mit Recht als der energischste und klarste Vertreter der Dichotomiethese interpretiert wird, diese Vermutungen durch eine Formulierung in seinem berühmten Vortrag über „Wissenschaft als Beruf" in einem Punkt ganz eindeutig stützt: „Alle Naturwissenschaften (nicht Naturwissenschaftler! – J. R.) geben uns Antwort auf die Frage: Was sollen wir tun, *wenn* wir das Leben *technisch* beherrschen wollen?" (GWL 599 f.). Das klingt haargenau wie eine Kurzfassung der Habermasschen Beschreibung jenes Erkenntnisinteresses, welches in das „technisch verwertbare Informationen" umfassende Gattungswissen bzw. in die „empirisch-analytischen Wissenschaften" der Moderne selbst eingelassen ist. Weber ergänzt allerdings seine Anmerkung durch einen scheinbar die Dichotomiethese erneut untermauernden Hinweis: „*Ob* wir es (das Leben – J. R.) aber technisch beherrschen sollen und wollen, und ob das letztlich eigentlich Sinn hat: – das lassen sie (die Naturwissenschaften – J. R.) ganz dahingestellt oder setzen es für ihre Zwecke voraus" (GWL 600). Wenn das eine Feststellung im Hinblick auf die tatsächlichen Merkmale naturwissenschaftlicher Theoriebildung sein soll, dann lässt sich dem normalerweise kaum widersprechen. Wenn es aber – im Einklang mit Standardinterpretationen der Dichotomiethese heißen sollte – ob wir „technisch verwertbare Informationen" erzielen sollten, dafür ließe sich überhaupt kein vernünftiges Argument heranziehen, dann empfiehlt es sich, dem eine ebenso berühmte wie lakonische Bemerkung von Marx entgegenzuhalten: „Dass jede Nation verrecken würde, die, ich will nicht sagen für ein Jahr, sondern für ein paar Wochen die Arbeit einstellte, weiß jedes Kind" (Brief an Kugelmann; MEW 32; S. 552). In der Tat!

6.4   Über starke Vermittlungsthesen

Vorbemerkung: Zwar hat sich der Pulverdampf inzwischen etwas gelichtet, aber befriedet sind die sog. „science wars" der jüngeren Vergangenheit noch nicht.[11] Sie spielen sich im Wesentlichen zwischen zwei Lagerinsassen ab: Im einen Lager hausen Anhänger jenes Verständnisses von naturwissenschaftlicher Theoriebildung und Forschung, welches von Hilary Putnam als „metaphysischer Realismus", von Ronald N. Gier als „objektiver Realismus" beschrieben wird (SP 4). Gier entnimmt bestimmten Äußerungen des Physikers und Nobelpreisgewinners Steven Weinberg aus dem Jahre 2001 drei Hauptannahmen des „objektiven Realismus": 1.) Es gibt da draußen in der Welt „Wahrheiten" – gemeint sind damit wohl Tatsachen –, die wir zu erkennen vermögen und diese „Wahrheiten" bilden, wenn wir sie einmal aufgedeckt haben, einen festen Bestandteil des menschlichen Wissens. 2.) Physik strebt nach der Erkenntnis von Naturgesetzen und sieht sie als nichts mehr und nichts weniger als eine Beschreibung der Wirklichkeit an. 3.) Weinberg kann sich schließlich auch nicht vorstellen, dass das Anwachsen des Umfangs und der Exaktheit des harten Kerns naturwissenschaftlicher Theorien als

---

[11] Zum Überblick unter zahllosen anderen M. Scharping (Hrsg.): Wissenschaftsfeinde. >>Science Wars<< und die Provokation der Wissenschaftsforschung, Münster 2001 oder A. Bammé: Science Wars. Von der akademischen zur postakademischen Wissenschaft, Frankfurt/M 2004.

etwas anderes anzusehen sei denn ein Prozess der kumulativen Annäherung an die Wahrheit, wobei „Wahrheit" jetzt offensichtlich als „zutreffende" und im Einklang mit der Dichotomiethese stehende wertfreie Aussage verstanden wird (ebd.). H. Putnam hat zuvor schon eine zusätzliche Merkmalsangabe gemacht: Der metaphysische Realismus geht davon aus, es könne nur eine einzige wahre Beschreibung der Wirklichkeit, so wie sie an sich ist, geben (ebd.). Unter diesen Voraussetzungen liegt es für Vertreter eines „rechthaberischen Realismus" (H. Steinert) auf der Hand, dass irgendeine Spielart der Ansicht, Interessen oder ähnlich verderbliche Faktoren, die der gesellschaftlichen Wirklichkeit entstammen, könnten zu einem *inneren* Bestandteil ausgerechnet von *naturwissenschaftlichen* Theorien werden, bei den allermeisten Profis dieser Disziplin eine über das müde Lächeln hinausgehende Kampfbereitschaft erzeugt haben. Sie macht sich vor allem dann bemerkbar, wenn es um die Fleischtöpfe der Forschungsmittel geht. Sie sollten z. B. nicht so locker an Leute verschleudert werden, die nicht vor dem starken Stück zurückschrecken, die Naturwissenschaften zu einem Gegenstand von „Social Studies in Science" zu machen, welche womöglich im Detail noch weiter gehen als Husserls Theorem oder gar Habermas' Lehre vom inneren Praxisbezug des Objektivismus (als „empirisch analytischer" Wissenschaftstypus) reicht. Wo liegen Steine des Anstoßes für die entsprechenden akademischen Feldzüge herum?

6.4.1 Ein starkes Programm oder ein starkes Stück? (David Bloor)

Das Buch von Thomas S. Kuhn (1922–1996) über die „Struktur wissenschaftlicher Revolutionen" (1962) mit seiner Lehre von der Rolle, die „Paradigmata" (Kernvorstellungen von Forschergemeinschaften) bei der Entwicklung der Wissenschaften spielen, hat nicht nur einen nachhaltigen Einfluss auf die verschiedensten Disziplinen ausgeübt, sondern eine Reihe von Auseinandersetzungen ausgelöst. So kommt es z. B. alsbald zu Kontroversen zwischen Kuhn, Popper und Lakatos.[12] 1976 legt David Bloor mit seinem Buch „Knowledge and Social Imagery" einen weiteren gewichtigen Stein des Anstoßes auf die Wege der modernen Wissenschaftstheorie. Es handelt sich um das „Strong Programme" der vor allem in Edinburgh beheimateten Schule der Wissens- und Wissenschaftssoziologie.[13] Dieses Projekt hat bis in die heutigen Tage hinein eine Fülle von Auseinandersetzungen,

---

[12] Vgl. J. Ritsert: Einführung in die Logik der Sozialwissenschaften, a.a.O.; S. 169ff.
[13] Ein anderer Namen dafür ist auch „Social Studies in Science".

Kritiken und Kritiken der Kritiken provoziert. Ihr Quell entspringt vor allem vier Grundsätzen, die David Bloor in seinem aus dem Jahre 1976 stammenden Buch aufgestellt hat. Wenn es darin auch im Prinzip um etwas anderes geht, so erinnern doch einige Motive in den darauf bezogenen Auseinandersetzungen an den 1961 ausgebrochenen Positivismusstreit in der deutschen Soziologie. Wie so oft im Wissenschaftsbetrieb bewegen sich die Auseinandersetzungen zwischen den beiden Polen von dröhnender akademischer Abrechnungshermeneutik einerseits, einer erhellenden immanenten Kritik andererseits. Ein bekanntes Beispiel dafür liefert der „Bloor-Laudan-Exchange".[14] David Bloor bekommt es dabei mit dem Wissenschaftstheoretiker Larry Laudan zu tun, der sich polemisch an verschiedenen Implikationen jener vier gewiss äußerst interpretationsbedürftigen Grundsätze von Bloor reibt. Die ursprünglichen Formulierungen der 4 Thesen durch Bloor wurden so offen abgefasst, dass es ihm ziemlich leicht gefallen ist, jeden kritischen Vorbehalt als tendenzielles Missverständnis zu verwerfen und seine eigenen daraufhin folgenden Präzisierungen als naheliegend auszuweisen. Die starke Programmatik hat nicht nur bei vielen ihrer objektivistischen Kritiker immer wieder den Eindruck soziologistischer, relativistischer und sogar naturwissenschaftsfeindlicher Ungereimtheiten erweckt.[15] In jüngster Zeit (2007) kam es zu einem neuen „Exchange", zu dem zwischen David Bloor und Stephen Kemp. Kemp trägt vier Hauptkritiken am Strong Programme vor, die zuvor schon in der einen oder anderen Form von anderen Autoren angemeldet wurden (SHS 241 f.):

1. Das starke Programm behandelt „wissenschaftliche Diskurse als freischwebend und ohne jede Beziehung zur Welt der Dinge" (ebd.). Das ist der Vorwurf des völlig *unbestimmten Gegenstandsbezuges*. Er verbindet sich mit dem Eindruck, diese Denkungsart vertrete letztlich einen *radikalen Konstruktivismus*. Denn es sieht für eine Reihe von Kritikern so aus, man stieße da tatsächlich auf

---

[14] Vgl. dazu J. Ritsert: Einführung in die Logik der Sozialwissenschaften, a.a.O.; S. 225ff. Vgl. L. Laudan: Progress and ist Problems: Towards a Theory of Scientific Growth, Univ. of California 1981.

[15] „Da kann etwas nicht mit einer Untersuchung der Naturwissenschaften stimmen, die unfähig ist, Naturwissenschaft von Ideologie zu unterscheiden, oder – schlimmer noch – die beiden zusammenzuwerfen." M. Bunge: A Critical Examination of the New Sociology of Science. Part 2, in: Philosophy of the Social Sciences, Vol. 22, Nr. 1 (März 1992), S. 66. Andere Autoren wie z. B. P. Slezak tragen mit Ironie den Befund vor, dass das Strong Programme selbst den einzigen verfügbaren Beleg für seine These liefert, dass „die Naturwissenschaften nicht auf die Abwägung von Belegen, Logik oder Rationalität gegründet ist." P. Slezak: A Second Look at David Bloor's *Knowledge and Social Imagery*, in: Philosophy of the Social Sciences, Vol. 24, Nr. (September 1994), S. 337.

„jemanden, der behauptet, jedwedes Objekt, gleichgültig welches – die Erde, deine Füße, Quarks, das Aroma des Kaffees, Kummer, Eisbären in der Antarktis –, sei in irgendeinem nicht trivialen Sinn sozial konstruiert."[16]

2. Das starke Programm kann keinen vernünftigen Unterschied zwischen „instrumentell erfolgreichen und nicht erfolgreichen Theorien machen" (SHS 241 f.). Das ist der Vorwurf des *unklaren Problembezugs* des Programms.

3. Der Relativismus dieses Ansatzes der Wissenschaftssoziologie, so heißt es, „stellt wissenschaftliche Argumentation auf eine grundsätzliche Weise in Frage" (SHS 242). Vorwürfe wie diese wurden von den verschiedensten Seiten erhoben. „Der epistemologische Konstruktivismus und der Relativismus implizieren den Konventionalismus und den Instrumentalismus …Wenn alle Kulturen äquivalent sind, wenn keine der anderen etwas voraus hat und wenn es keine verschiedenen Arten des Wissens gibt (z. B. wissenschaftliches und ideologisches), dann bedeutet die Annahme irgendeiner Idee eine soziale Konvention und stellt eine Sache der Nützlichkeit für ein gegebenes Gemeinwesen dar" (CENS 47). Das ist der Vorwurf des *Kulturrelativismus.*

4. Das starke Programm „missversteht den Begriff sozialer Interessen" (SHS 242). Das ist der Vorwurf des *falschen Interessebegriffs* (Kap. 7).

Der „Exchange" zwischen David Bloor und Stephen Kemp bietet eine gute Gelegenheit, einen aktualisierten Eindruck sowohl von einer möglichen Interpretation der 4 Grundsätze als auch von einigen weiteren Standardeinwänden dagegen zu vermitteln:

▶ **Grundsatz 1** *Die Erklärungen, die das starke Programm im Zuge wissenschaftssoziologischer Untersuchungen des Entstehens, Bestehens und der Entwicklung von Wissen, vor allem naturwissenschaftlicher, technischer und medizinischer Wissensbestände vorschlägt, müssen allesamt die Qualität von Kausalerklärungen aufweisen. Das Projekt befasst sich also mit (gesellschaftlichen) Kausalfaktoren oder Kausalgesetzen, wodurch ein Wissenssystem hervorgebracht bzw. in seinem Bestand und seiner Entwicklung beeinflusst wird.*

Was ist unter einem (gesellschaftlichen) Kausalfaktor bzw. unter (sozialen) Kausalgesetzen zu verstehen, denen das starke Programm so energisch nachgehen will? Die einschlägigen Antworten auf diese Frage sind bis auf den heutigen Tag

---

[16] I. Hacking: Was heißt >>soziale Konstruktion<<? Zur Konjunktur einer Kampfvokabel in den Wissenschaften, Frankfurt/M 1999, S. 45.

kontrovers genug, um Vorsicht walten zu lassen. Barry Barnes, ein weiterer Kirchenvater des Strong Programme, grenzt seinen Kausalbegriff von dem David Humes ab. Hume geht von der *Regularitätsprämisse* aus: Ein Ursache-Wirkungszusammenhang liegt *in abstracto* vor, wenn regelmäßige Ereigniszusammenhänge gegeben sind: (x) p → q. (Immer, überall und ausnahmslos: Wenn p eintritt, dann tritt *ceteris paribus* auch q ein). Dem hält Barnes eine andere aus der Menge möglicher Grundvorstellungen von Kausalität entgegen: Ein bestimmtes Element in einer Menge notwendiger Bedingungen für das Eintreten eines Ereignisses, das uns in einem Kontext als normal erachteter Zustände in besonderer Weise *interessiert,* gilt ganz allgemein als auslösender Faktor. Läge er nicht vor, wäre das Ereignis nicht eingetreten. So gesehen ist „die Ursache eine notwendige Bedingung, die unser Interesse gefunden hat" (SKST 71). Barnes bringt das Beispiel eines Flugzugabsturzes aufgrund der Ermüdung von Material. Der Verdacht, die Aufmerksamkeit (das „Interesse") der Unfallexperten ist nicht auf mögliche Fehler der Piloten, sondern z. B. auf den Verschleiß von Material in den Triebwerken ausgerichtet. Alle anderen Bedingungen für einen erfolgreichen Flug werden als normal vorausgesetzt. Barnes gibt damit auch einen Hinweis auf *den* Faktor, dem die Wissenschaftstheorie eine besondere Aufmerksamkeit zu schenken habe: es ist *das Interesse.*[17]

An Stellen wie dieser können sich sofort laut oder stillschweigend in Anspruch genommene Sozialontologien bemerkbar machen: *Dass* es Kausalbeziehungen zwischen gesellschaftlichen „Faktoren" und der Wissensformierung und Wissensentwicklung im Überbau gibt, lässt sich gewiss nur mit einer etwas extravaganten (z. B. wirklich radikal konstruktivistischen) Grundhaltung leugnen. Kaum jemand wird bestreiten, dass z. B. die Wirkungen gesellschaftlicher Institutionen wie die Schule die Wissensentwicklung fördern oder hemmen können.[18] Aber sind *alle* sozialen Phänomene (auch kulturelle Wissensbestände) grundsätzlich und ausnahmslos das Ergebnis von Kausalfaktoren oder Kausalgesetzen – wie immer diese auch interpretiert werden? Ist z. B. das *Verstehen* einer Regel, das sich daran beweist, dass man ihr praktisch zu folgen versteht, völlig gleich einem Ursache-Wirkungsverhältnis

---

[17] B. Barnes: Interests and the growth of knowledge, London/Boston 1977.

[18] Es stellt nur für wirklich radikale Konstruktivisten, wenn es sie gibt, keine sinnvolle Aufgabe dar, „die sozialen Faktoren zu entdecken, die die Entwicklung der Wissenschaften fördern und diejenigen, welche sie hemmen ... Wenn wir den Konstruktivismus beim Wort nehmen, dann können wir nur erwarten, das zu liefern, was er sich selbst zurechtlegt" (CENS 56). Diese Faktoren stellen in der Tat Kausalfaktoren dar.

etwa von der Art des Funkens, der in das Pulverfass fällt und es (cet. par.) zur Explosion bringt?[19] Gibt es – wie Searle sehr wohl im Einklang mit seiner grundsätzlichen Ablehnung des Konstruktivismus argumentiert – nicht sogar durch Regeln *konstituierte* Sachverhalte und sind diese Regeln, die bestimmte Tatsachen (wie die Abseitsstellung beim Fußball) überhaupt erst in die soziale Welt setzen tatsächlich als reine Kausalfaktoren zu interpretieren? (Vorausgesetzt, man dehnt den Ursachenbegriff nicht so weit aus, dass er z. B. nichts mehr bedeutet: als >irgendwie irgendetwas zustande bringend<)? Es ist und bleibt eine äußerst strittige sozialontologische Prämisse (die ein Spötter leicht mit den gnadenlos ökonomistischen Thesen ganz orthodoxer Marxisten über das Verhältnis von Basis und Überbau in Verbindung bringen könnte), jeder Wissensinhalt bedeute den Effekt von Kausalgesetzen und Kausalfaktoren. Ja, aber genau so ist es, mag dann etwa ein entschlossener Hirnphysiologe dagegen halten! Der Irrtum des Edinburgher Programms bestehe allein darin, das Explanans in der Gesellschaft und nicht in den Hirnschaltungen zu suchen – woraufhin der nächste „Exchange" beginnen könnte, aus dem man dann wieder was lernen kann, selbst wenn man die eine oder die andere Position gar nicht vertritt.

▶ **Grundsatz 2** *Die vom Grundsatz 1 geforderten Kausalaussagen sollen* unparteilich *abgefasst sein, wenn es um Fragen der Rationalität oder Irrationalität, Wahrheit oder Falschheit, Tauglichkeit oder Untauglichkeit eines Wissenssystems geht.*

Auf den ersten Blick sieht dies alles wie eine Spielart des Gebots der Wertfreiheit aus. Denn das Postulat lautet allem Anschein nach ja: Ein jeder Vertreter der starken Programmatik in der Wissenschaftssoziologie hat sich jeder Parteinahme vom Beobachterstandpunkt aus zu enthalten – gleichgültig auf welcher normativer Grundlage jemand anderes zuvor wertende Differenzbestimmungen vorgenommen hat. Das hört sich zudem ein wenig wie eine Parallele zum Prinzip der „ethnomethodologischen Indifferenz" an und deckt sich auf jeden Fall mit der völlig stichhaltigen Bemerkung Max Webers, dass ein Interpret nicht seinerseits diejenigen Werte befürworten oder ablehnen muss, welche er zum Thema seiner

---

[19] Vgl. dazu den klassischen Text von P. Winch: Die Idee der Sozialwissenschaft und ihr Verhältnis zur Philosophie, Frankfurt/M 1966, den man geradezu als eine ebenfalls von Wittgensteins Sprachphilosophie inspirierte und strikte Gegenposition zu Bloors Grundsätzen lesen kann.

kultursoziologischen Untersuchung gemacht hat.[20] Wäre Wissenssoziologie als Ideologiekritik unter der Voraussetzung des 2. Grundsatzes mithin als ein völlig sinnloses Unterfangen abzulehnen? Bloor ist jedenfalls der Meinung, sein wissenssoziologisches Projekt verfolge rein deskriptive Ziele vom Beobachterstandpunkt aus (vgl. SHS 220). Das heißt ja immer: Etwas wird nur im Rückgriff auf professionelle Werte der Experten gelobt oder getadelt, weil z. B. ein auf logische Probleme hinweisender Kritiker des starken Programmes von seinen Vertretern seinerseits als „inkonsistent" etc. getadelt werden kann. Ich glaube jedoch, dass es die impliziten Zurückweisungen der Dichotomiethese, also Einwände gerade *gegen* die strikte Ausgrenzung von „äußeren" Werten aus der „inneren" Verfassung wissenschaftlich „guter" Theorien sind, welche das starke Programm so bedeutsam machen und es zugleich für viele Physikalisten so anstößig erscheinen lassen (s. u.).

▶ **Grundsatz 3** *Die gleichen Arten von Kausalfaktoren sollten als Erklärungsgrundlage sowohl für rationale oder irrationale, wahre oder falsche, erfolgreiche oder erfolglose Wissensbestände herangezogen werden (Symmetriethese).*

Die dritte These klingt zwar so ähnlich wie die zweite, ist mit dieser jedoch nicht schlechthin identisch. Gleichgültig, wer nach welchen Kriterien bestimmte Wissensinhalte als wahr oder falsch, rational oder irrational, brauchbar oder unbrauchbar bewertet hat, soziale Studien über Wissenschaften müssen die *gleiche* Art von Kausalfaktoren zur Erklärung dieser in der alltäglichen und/oder wissenschaftlichen Praxis *verschieden* bewerteten Inhalte heranziehen. Insbesondere diese These hat Kritikern den Anstoß für eine Reihe von Vorbehalten gegeben. Viele von ihnen drehen sich um das Verhältnis von Externalismus und Internalismus in der Wissenschaftstheorie. Am einen Pol vertritt ein radikaler *Internalismus* Thesen wie die, dass Aussagen über die Struktur und die Entwicklung der Wissenschaften sich ausschließlich auf den Begründungszusammenhang und das heißt: auf die Logik der Forschung zu stützen haben. Normen und Kriterien wie Wahrheit, Objektivität, Widerspruchsfreiheit, Kriterien methodisch-empirischer Überprüfbarkeit von Vermutungen etc. entscheiden über die Qualität einer untersuchungsleitenden Theorie. Alle äußeren Faktoren wie Werte wirken ideologiebildend und verzerrend.

---

[20] „Gegenüber der Frage, ob diese Darstellungen der Mitglieder der Gesellschaft richtig, falsch, folgerichtig oder konsequenzenlos sind, beweist der Ethnomethodologe seine >>Indifferenz<<. E. Weingarten und F. Sack: Ethnomethodologie. Die methodische Konstruktion der Realität, in: E. Weingarten/F. Sack und J. Schenkein: Ethnomethodologie. Beiträge zu einer Soziologie des Alltagshandelns, Frankfurt/M 1976, S. 14.

„Was, um Gottes Willen, ist der ökonomische oder politische Gehalt des Pythagoreischen Lehrsatzes oder von Euklids Theorem, dass es unendlich viele Primzahlen gibt?" (CENS 61). Gewiss: Niemand vertritt im Ernst die Meinung, das menschliche Wissen – insbesondere die wissenschaftliche Forschung – ließe sich „vom erkennenden Hirn und seiner Gesellschaft" ablösen. „Was sich da um Erkenntnis bemüht, ist ein Tier, das in eine natürliche und soziale Umwelt eingebettet ist" (CENS 70f.). Gleichwohl sind für Internalisten die Wissensbestände und Wissensentwicklungen ausschließlich im Lichte ihrer rationalen, logischen Konstruktionsprinzipien, der guten oder schlechten Gründe für die Annahme von Hypothesen, der empirischen Triftigkeit von Erklärungen und Stichhaltigkeit von Prognosen zu bewerten. Es geht um Kriterien guter und wahrheitsfähiger Theoriebildung und Forschung, die man nicht mit „sozialen Faktoren" in einen Topf werfen darf. Bloor – das ist nun wahrlich evident! – bedient sich ja selbst Regeln der Logik, die nicht etwa einer schottischen Subkultur der Gegenwart zuzurechnen sind, sondern sich mindestens bis zum „Organon" des Aristoteles zurückzuverfolgen lassen. Von da ausgehend wird Bloors Symmetriethese von Szientisten zurückgewiesen. Am Gegenpol befindet sich ein gleichermaßen einseitiger *Externalismus*. Dieser behauptet, die Strukturen und Inhalte des Wissens, auch des wissenschaftlichen Wissens, seien ausschließlich das kausale Produkt äußerer Faktoren. Bloors Symmetriethese scheint sogar „äußere" Faktoren schlechthin mit „sozialen" gleichzusetzen. (Aber es gibt natürlich verschiedene Arten „äußerer", das Wissen bestimmender Faktoren: physische, organische, hirnphysiologische etwa). Bei einer derartig zugespitzten Konfrontation von Externalismus und Internalismus handelt es sich nach meiner Auffassung jedoch um eine der vielen unfruchtbaren Dichotomien, die Bedenken und Behandeln beeinträchtigen. Eine Erläuterung, die Bloor im Zuge seines *exchange* mit Kemp vorträgt, macht besonders klar, wie und wieso die Symmetriethese über diese Dichotomie hinausführt: „Anhänger des Starken Programms haben sich stets der Annahme entgegen gestellt, das Rationale und das Soziale seien ihrem Wesen nach grundsätzlich verschieden, so dass z. B. soziale und psychologische Ursachen die Abweichungen von der Rationalität erklären, anstatt dass sie als innerer Bestandteil der Rationalität" erkannt werden (SHS 223). Die starke Vermittlungshypothese lautet nun also: Soziale „Faktoren" bilden ein Implikat rationaler Aussagenformierung selbst –, was natürlich nicht heißt, sie seien mit „rationalen Faktoren" schlechthin identisch! Es liegt doch auf der Hand: Die Zweck-Zweckrationalität kennzeichnet oftmals eine „vernünftige" Ordnung von *Gedanken* und *Aussagen* – etwa beim Entwurf von Techniken, bei der Suche nach Strategien der Zweck-Mittel-Koordination. Im Konzept der „Rationalität" steckt aber in vielen Fällen die Norm der „Zweckrationalität" auch das Gebot effizienten, wenn nicht nutzenmaximierenden *Handelns* in der Praxis. Also handelt es sich um ein Prinzip strategischen *Denkens* sowie erfolgsorientierten *Handelns* „draußen", in komplexer Technik und alltäglicher Hantierung zugleich – und das nicht nur in der modernen bürgerlichen Gesellschaft. Im schwerwiegenden mathematischen Befund „1 + 1 = 2" steckt natürlich nicht der Klassenkampf und mathematische Probleme sind selbstverständlich nicht *gleich* sozialen Problemen (CENS 47). Aber man kann sich z. B. mit Georg Simmel sicherlich den – nicht unbedingt sofort in einem genetischen Fehlschluss versandenden – Gedanken machen, wie und in welchem Ausmaß die Entwicklung des Geldverkehrs als sukzessive Abstraktion vom Stoffwert der Geldware zur Ausbildung und inneren Organisation von Formalismen im Überbau beigetragen hat. „Wenn sekundäre Symbole – wie man sie im Unterschied gegen die naive Symbolistik naiver Geisteszustände nennen kann – immer mehr die unmittelbaren Greifbarkeiten von Dingen und Werten für die Praxis ersetzen, so ist damit die Bedeutung Intellekts für die Lebensführung außerordentlich gesteigert" (PdG 170). Zumindest ist eine Analogie zwischen dem Geld als „das absolute Abstraktum über allen konkreten Gütern" (PdG 232) und der (scheinbar) reinen Gedankenform als einem Abstraktum über all die vielfältigen Fälle möglich, die als sein Inhalt in Frage kommen. Ein anderes Beispiel: Metaphern sind ähnlich wie Analogien nicht von vornherein des Teufels, sondern können ein pragmatisch taugliches Erkenntnismittel sein. Etwas ist *intern* so geartet wie etwas ganz anderes; das zu bemerken, kann helfen, die die ähnlich geartete *innere* Verfassung des undurchsichtigen anderen Sachverhaltes besser zu durchschauen. Trotzdem: Die Implikationsbehauptung wird meist als ein gar starkes Stück, als eine Zumutung für das Selbstverständnis aufrechter Wissenschaftler empfunden. Zur eigentlichen Begründung seiner starken Vermittlungsthese greift Bloor gleichwohl auf ein äußerst plausibles Argument zurück, das er zwar Wittgenstein zuschreibt, dessen Ursprünge aber – vom Vorschein in der Topik des Aristoteles abgesehen – in der Lehre von der bestimmenden Urteilskraft Kants liegen (SHS 212). Die bestimmende Urteilskraft steht vor dem Problem: Wie können allgemeine Kategorien (Regeln des Verstandes) auf einzelne empirische Phänomene bezogen werden? Diese Transformation ist in dem Sinne problematisch, dass es – von Tautologien abgesehen – kein absolut eindeutige Ergebnisse lieferndes Verfahren gibt, welches es erlauben würde, empirische Phänomene „unter diese Regeln (zu) subsumieren, d. i. (wie man dabei – J. R.) unterscheiden sollte, ob etwas darunter stehe oder nicht ..." (KrV 184). Wollte man eine Regel angeben, welche diese grundsätzliche Unbestimmtheit regelt, „dann könnte dieses nicht anders, als wieder durch eine Regel geschehen" und so weiter in einem unendlichen Regress (ebd.). Deswegen stellt die Urteilskraft für Kant „ein besonderes Talent" dar, bei dem man nicht einfach feste Zuordnungsregeln von der Art der Lösungswege für Rechenaufgaben in Anspruch nehmen kann, sondern das praktisch geübt und eingeübt werden muss, um mit einer echten Problemlage mit

Aussicht auf allemal unsicheren Erfolg umgehen zu können. Deswegen spricht Kant auch vom Mutterwitz, „dessen Mangel keine Schule ersetzen kann" (ebd.). Nicht viel anderes sagt auch Bloor, Wittgenstein habe klar gemacht, „dass das Befolgen von Regeln einen Schritt-für-Schritt-Prozess darstellt und dass der nächste Schritt zum nächsten Fall (der unter derselben Regel steht – J. R.) nicht durch die endliche Menge der vergangenen Fälle vorherbestimmt war, in denen der Regel gefolgt wurde oder ein Begriff angewendet wurde – von daher das Etikett 'Finitismus', womit seine Analyse versehen wurde" (SHS 212). Der Versuch, eine die Regelanwendung begründende Regel zu finden, führt in einen infiniten Regress (ebd.). Also hängt die erfolgreiche Regelwendung auf die wirklichen Gegebenheiten – ob es sich um eine Kategorie, eine mathematische Formel, einen empirisch-allgemeinen Begriff oder eine Handlungsregel handelt – von weiteren, nicht zuletzt von sozialen Faktoren bzw. gesellschaftlichen Kontexten ab. Kant fasst sie im Begriff der bestimmenden Urteilskraft zusammen, die als „Mutterwitz" nicht nur die Mutter, sondern praktische Übungen im Horizont der Ergebnisse verschiedener Lernprozesse in sozialen Situationen voraussetzt.[21] So gesehen hängt eine zentrale *logische* Operation, die Anwendung von Begriffen auf einzelne Fälle entscheidend *intern* (immanent) von *externen*, von alogischen, d. h. aber: *nicht per definitionem* unlogischen, schon gar *nicht per definitionem* irrationalen Bestimmungen ab! Nach meiner Auffassung stellt dies den starken argumentativen Kern des 2. Grundsatzes von Bloor dar. Ich vermute, von diesem Eindruck einer gewissen Abkoppelung des Bezeichnungssystems vom Bezeichneten kommt der Vorwurf des Relativismus her, zu dem sich Bloor bei verschiedenen Gelegenheiten sogar bekannt hat. Damit entsteht zudem das Bild eines Konstruktivismus, der zwar apodiktische Wahrheitsansprüche erhebt, aber über gar keinen Begriff vom zutreffenden Gegenstandsbezug im Sinne einer wie immer auch modifizierten Adäquationstheorie der Wahrheit mehr verfügt. Dementsprechend deutet P. Slezak das Starke Programm als ein Musterbeispiel für „Historizismus" im Sinne K. R. Poppers, weil es sich auf den „historisch kontingenten, kontextuellen (sozio-kulturellen – J. R.) Charakter des Wissens festlegt."[22] Kemp hat den gleichlaufenden Eindruck, das Starke Programm behandele „den wissenschaftlichen Diskurs als freischwebend und ohne jede Beziehung zur Welt der Dinge" (SHS 241). Doch aus der triftigen Einsicht in die konstitutive Rolle des gesellschaftlich vermittelten Mutterwitzes folgt logisch überhaupt nicht, es sei gar keine

---

[21] Die „reflektierende Urteilskraft" steht vor dem Problem der Induktion, vor der Tatsache, dass sich – ähnlich wie beim Popperschen Falsifikationsprinzip für Allsätze – logisch nicht ausschließen lässt, dass dann doch einmal ein Fall eintritt, der der bisher beobachteten Regelmäßigkeit nicht entspricht.

[22] P. Slezak, a.a.O.; S. 337f.

Referenz auf Sachverhalte außerhalb der Kognition bzw. der Sprachspiele möglich. Bloor beharrt mit Fug darauf, dass auch er natürlich die Verbindungslinien zwischen Sprachspielen und der Welt der Gegenstände nicht vollends kappen kann und will. Die Annahme ist vielmehr, dass soziale Faktoren bei der Subsumtion von empirischen Einzelfällen unter allgemeine Begriffe (Kant: „unter eine allgemeine Regel") zwar immer auch von logischen und methodischen Prinzipien gesteuert werden, aber in zahllosen Fällen nicht so, dass diese Zuordnung *allein* aufgrund logischer Operationen völlig eindeutig stattfinden könnte (Rationale Unterbestimmung). Was bleibt dann aber noch vom Relativismus übrig? Bloor stellt an einer Stelle den „Relativismus" dem „Monismus" gegenüber (SHS 222). Diese Wortwahl ist deswegen unglücklich, weil m. E. der „Perspektivismus" (Gier) den eigentlichen Gegenpol zum Monismus bildet – es sei denn, man behaupte tatsächlich, alles Wissen sei überall und jederzeit in seinen Wahrheits- und Erkenntnisansprüchen „relativ" zu X. Aber es gilt nach wie vor: Die Flexibilität der Interpretation von X ist nahezu unbegrenzt. Ein selbstgefälliges Individuum (Solipsismus)? Eine kleine reflexive Gruppe aus Edinburgh oder sonst wo? Eine Subkultur mit spezifischen Wertorientierungen? Wer gehört dazu, wer nicht? Eine Kultur mit welchen wie lange geltenden Wertideen? Eine Gesellschaft wie GB oder die BRD? – in welchem Zeitabschnitt existierend? Eine Epoche? – aber wo und wie lange existierend in Raum und Zeit? Ein säkularer Trend? – usw. und noch ziemlich lange fort. Diese Flexibilität in der Bestimmung von X je nach argumentationsstrategischem Bedarf leistet ziemlich genau das, was Ethnomethodologen als die reflexive Absicherung von Situationsdeutungen analysieren. (Reflexivität der Reflexivität). Ironischerweise hält Bloor seinerseits Kemp diese Art der Dehnungsfähigkeit des Gedankens vor, weil dieser den üblichen offenen Rückgriff auf ein völlig unbestimmtes „Wir" vornehme, das allemal Bescheid weiß (SHS 219). Wenn man jedoch – ähnlich wie schon Karl Mannheim mit seiner wenig beachteten Unterscheidung zwischen Relativismus und Relationismus[23] – den *Perspektivismus* als Gegenpol zum *Monismus* ansieht, dann gibt es verschiedene wahre und/oder brauchbare (falsche und/oder unbrauchbare) Perspektiven auf den gleichen Sachverhalt, was erst einmal nichts mit Relativismus zu tun hat. Dann können „die Objekte ihrer (der Vertreter bestimmter wissenschaftlicher Disziplinen – J. R.) respektiven Aufmerksamkeit" in der Tat „klar disjunkt sein", ohne dass automatisch ein Relativismusverdacht am Platz wäre (SHS 222). Und aus der These der „Unterbestimmung" einer wissenschaftlichen Theorie durch die reine Logik und Tatsachenermittlung folgt dazu auch nicht, eine in diesem Geiste auf *Überzeugung* zielende *rationale* Argumentation bedeute nichts anderes als

---

[23] Vgl. dazu J. Ritsert: Ideologie, a.a.O.; S. 62ff.

ein diskurspolitischen Manöver zur *Überredung* von Adressaten (vgl. CENS 64 f.). Ein Argument kann völlig schlüssig sein und dennoch wenig Zustimmung finden – und umgekehrt. Aber deswegen ist es nicht ad hoc „irrational".

▷ **Grundsatz 4** *Jede Wissens- und Wissenschaftsforschung auf dem Boden des Starken Programms hat eine bestimmte Form der Selbstbezüglichkeit zu praktizieren. D. h.: Dieser Ansatz muss seine eigenen inhaltlichen Aussagen als Explanandum im Ausgang von den gleichen Faktoren als Explanans klar machen, auf die er bei der Untersuchung anderer Wissenssysteme zurückgreift.* (Reflexivitätstheorem).

Dem Reflexivitätstheorem lassen sich verschiedene Lesarten entnehmen. So zum Beispiel (a): Im Einklang mit dem Grundsatz Nr. 1 wird die Forderung erhoben, diejenigen Kausalfaktoren bzw. Kausalgesetze, welche als Grundlage zur Erklärung anderer Wissenstypen dienen, auch bei der reflexiven Bestimmung eigener Wissensansprüche heranzuziehen. (b) Des grundsätzlichen Perspektivismus wegen sind die eigenen Überlegungen stets im Lichte anderer, wenn nicht gegensätzlicher Blickwinkel auf den gleichen Untersuchungsbereich zu reflektieren und zu revidieren. (c) Daher kann das Reflexivitätstheorem vor dem „rechthaberischen Realismus" (H. Steinert) schützen. Für diesen gibt es nur *ein* Darstellungssystem, das die Sache selbst wahrheitsgetreu widerspiegelt (Monismus). (d) Kemps Vorbehalt, das starke Programm stehe in keiner Verbindung zur Wirklichkeit, weist nach meiner Auffassung auf eine weitere wichtige Implikation des Begriff der Selbstbeziehung aus dem vierten Grundsatz hin: M. Bunge verschärft einige Einwände (ähnlich wie S. Kemp) dahingehend, aufgrund seiner konstruktivistischen Grundorientierung könnten wir vom Starken Programm nur „das erwarten, was es sich selbst ausdenkt" (CENS 56). Damit geraten wir mitten in den Ismenwald: Was das Problem des Gegenstandsbezugs angeht, erkennt Kemp einen „schwachen Idealismus" bei Bloor. Diesen Eindruck spitzen viele andere zum Bild eines radikalen Konstruktivismus zu. Dieser bildet etwa als Sprachspielimperialismus gleichsam die zeitgenössische Version des klassischen absoluten Idealismus. Das Sein erscheint als gleich dem Gesprochen- oder Gedachtsein, als „Idee", „absoluter Geist", heute eher als „Text", als „Sprachspiel" etc. Demgegenüber sagt Umberto Eco lakonisch: „Das Sein setzt uns >>Neins<< entgegen in derselben Weise, wie dies eine Schildkröte tun würde, die man zum Fliegen auffordert."[24] Den strikten Gegenpol zu all diesen Ismen bildet der rechthaberische Realismus. Auch diesen gibt es in verschiedenen Varianten: Er

---

[24] U. Eco: Kant und das Schnabeltier, München 2000, S. 71.

erscheint sowohl im Gewande deterministischer Verkleidung des Verhältnisses von Basis und Überbau durch den ganz orthodoxen Marxismus als auch in der Gestalt des Monismus der Physik, so wie ihn Gier kritisiert. Ich finde es bemerkenswert, dass dabei sowohl Vertreter des Starken Programms als auch einige ihrer Kontrahenten implizit auf den Zirkel der Referenz gleichsam als gemeinsamen Startpunkt ihrer epistemologischen Auseinandersetzungen mit dem Nachbar zurückgreifen müssen. J. G. Fichte werden sie zwar eher als einen „dunklen" und wenig bemerkenswerten Autor ansehen, aber ausgerechnet er hat den Zirkel der Referenz in einem Standardzitat die klarste und knappste Form verliehen. Es handelt sich um eine ganz elementare Formbestimmung, die gleichwohl weder auf den Pol des absoluten Idealismus, noch auf den des rechthaberischen Realismus und Monismus zurückfällt: „Dies, dass der endliche Geist notwendig etwas Absolutes außer sich setzen muss (ein Ding an sich) und dennoch von der andern Seite anerkennen muss, dass dasselbe nur *für ihn* da sei (ein notwendiges Noumen sei), ist derjenige Zirkel, den er in das Unendliche erweitern, aus welchem er aber nie herausgehen kann."[25] Kein Diskurs über den Gegenstandsbezug von Denken und Sprache kann sich aus diesem Zirkel (der historisch im Detail dann auf die verschiedene, teilweise gegensätzliche Weisen durchlaufen wird) herauswinden. Auf seine beiden Pole kann man allerdings leicht zurückfallen. Fichte, der nicht immer ganz so absolute Idealist, bezeichnet sie als „Idealismus" einerseits, und „Dogmatismus" andererseits. Bloor fragt sich im nämlichen Rahmen verwundert, wie Kemp wohl auf die Idee gekommen sei, das Edinburgher Programm „durchtrenne die Verbindung zwischen Diskurs (Fürunssein – J. R.) und der Welt (Ansichsein – J. R.)"? (SHS 216). Es gibt eine Verbindung zwischen Geist und Materie, Subjekt und Objekt, Sprachspiel und Lebensform usf. „Es gibt eine solche Beschränkung (durch das Ansichsein – J. R.), aber es handelt sich ausnahmslos um eine sozial vermittelte Beschränkung" für die erkennenden Subjekte (SHS 215). „Vermittelt". Was aber heißt das?

Fazit: Völlig unstrittig ist in allen Lagern, dass soziale „Faktoren" (vor allem Institutionen, Organisationen, gesellschaftliche Strukturen und Prozesse) als *Randbedingungen* der Theoriebildung und Forschung ihre nachhaltigen Wirkungen ausüben. Bis zur Kriegserklärung umstritten ist jedoch die These, dass äußere „soziale Faktoren" gleichsam mit der logischen Notwendigkeit der Kantischen Lehre von der Urteilskraft zu einem inneren und alogischen Bestandteil von rationalen Theorien und methodischen Operationen werden *müssen.* Dazu gibt es ein ganz klares Wort von Bloor aus der jüngeren Vergangenheit:

---

[25] J. G. Fichte: Grundlage der gesamten Wissenschaftslehre (1794), Hamburg 1956, S. 198.

„Die Behauptung ist, dass soziale Prozesse in den Inhalt selbst, also in die Schlussfolgerungen und die Kenntnisse der Wissenschaftler, Eingang finden."[26] Wie gesagt: Das ist für Vertreter der Dichotomiethese der eigentliche Skandal! Sie behandeln die Gesellschaft stattdessen „als etwas, das – wenn es in den Inhalt des Wissens eingeht – die Operationen der Vernunft behinderte und die Verbindung mit der natürlichen Umwelt verflüssigte" (SHS 232). Deswegen kann der 2. Grundsatz nicht einfach mit dem Postulat der Wertfreiheit gleichgesetzt werden, wenn und insoweit dieses in der Dichotomiethese verankert ist!

6.4.2 Webers „Wertbeziehung" als starkes Programm? (Paul Forman)

Aber, was meint Bloor, wenn er davon spricht, dass soziale Bestimmungen in das wissenschaftliche Wissen „Eingang finden"? Das Eingangstor wird vor allem durch die Notwendigkeit eröffnet, bei der Umsetzung abstrakter Thesen und Begriffe auf empirische Fälle, also bei der Beziehung des Allgemeinen auf das Besondere und Einzelne auf die im gesellschaftlichen Kontext geübte Urteilskraft oder auf gesellschaftliche Überlieferungen zurückgreifen zu müssen, die eine „korrekte" Zuordnung durch *scheinbar* unproblematische Schritte gewährleisten. Wirklich stark wird die These aber erst durch das Verständnis der Metapher „Eingang finden" als *Implikation*, also durch die Annahme des Enthaltenseins des Externen *in* der Syntax und/oder Semantik des Wissens. (Ohne dass das Innere auf das Äußere reduzierbar wäre. Es behält durchaus seine Unterschiedenheit und Eigenlogik, Rationalität oder Irrationalität!). Doch wie ist dieses für Physikalisten endgültig in die soziologistische Wüste führende Implikationsverhältnis näher zu bestimmen? Es gibt eine inzwischen klassische, Physiker und Physikalisten aufregende Studie, welche das allgemeine Enthaltensein „externer" gesellschaftlicher Momente in der inneren Ordnung eigenständiger (immer auch von ihrer inneren Logik bestimmten!) Wissenssysteme an einem konkreten Beispiel illustriert. Es handelt sich um die Arbeit von Paul Forman über: „Weimar Culture, Causality, and Quantum Theory 1918–1927; Adaption by German Physicists to a Hostile Intellectual Environment" (1971).[27] An den deutschen Universitäten zu Beginn des 20. Jhs. in der Weimarer Republik gab es den Brauch, dass bedeutende Wissenschaftler Festvorträge oder Rektoratsreden hielten.

---

[26] D. Bloor: Was ist das Ziel der Wissenssoziologie?, in: M. Scharping (Hrsg.): Wissenschaftsfeinde, a.a.O.; S. 15.

[27] Vgl. auch J. Ritsert: Ideologie, a.a.O.; S. 214ff.

Nach 1918 drücken sich darin Reaktionen auf die Niederlage des Kaiserreiches aus. Vor allem anhand dieses Materials will Forman seine These überprüfen, ob die Veränderungen des kulturellen Milieus in der Weimarer Republik nach dem 1. Weltkrieg irgendeinen Einfluss auf die Physik ausübten und Bedeutsames zur Entstehung und Entwicklung der Quantenmechanik beitrugen. Den Ausgangspunkt der Zusammenhangsvermutungen und Zusammenhangsaussagen bilden also Kulturwertideen in der Wirklichkeit einer zutiefst erschütterten Gesellschaft. Nach der Niederlage entstanden nach Forman z. B. mit der sog. „Lebensphilosophie" geistige Strömungen, die sich von der Kälte des Denkstils der klassischen Mechanik, der Mathematik und des Rationalismus distanzierten. An dessen Stelle sollte ein ganzheitliches und organizistisches Denken treten, wie es beispielsweise von Othmar Spann (1878–1950) propagiert wurde, der dem Faschismus in Österreich entscheidende Anstöße gegeben hat. Besonders einflussreich waren jedoch damals die Arbeiten von Oswald Spengler (1880–1936), vor allem seine Schrift über den „Untergang des Abendlandes" (1918). Spengler wendet sich mit aller Entschiedenheit gegen die Strenge von Kausalvorstellungen in der Tradition der klassischen Mechanik Newtons. Er will stattdessen an J. W. Goethes Naturbegriff und damit auch an Organismusanalogien bei der Betrachtung von Kulturen und kulturellen Entwicklungen anschließen. In diesem Sinne vergleicht er Kulturen wie die des Abendlandes mit Pflanzen. Kulturen wachsen, blühen, gedeihen, um schließlich wie eine Blume zu verwelken. Er stellt von daher die Vorstellung einer „lebendigen" Natur bei Goethe dem Bild einer „toten" gegenüber, das mit Newtons Mechanik verbunden sei. D. h.: Das mechanisch-technische Denken baue auf der Idee einer strengen und starren Gesetzmäßigkeit des Zusammenhangs von Ursache und Wirkung auf und blende damit die Grundsätze des organischen Lebens und Werdens als Ganzheit aus. Damit wird ein klassisches Verständnis von *Kausalität* problematisiert. Forman nimmt an, dass Spenglers Philosophie des gleichsam organischen Werdens und Vergehens von Kulturen für Wertideen (im intellektuellen „Milieu") repräsentativ ist, die im Überbau der Weimarer Republik weit verbreitet waren. Er geht überdies davon aus, dass diese Milieufaktoren einen entscheidenden Einfluss auf die Entwicklung der Physik in Deutschland nach dem Ersten Weltkrieg ausübten. Er spricht sogar von einer „Kapitulation vor dem Spenglerismus" (WCC 48ff.). Diese Annahmen will er durch eine genaue Analyse der Reden und Schriften führender Naturwissenschaftler der damaligen Zeit bestätigen. Auf diese Weise wird ein Zusammenhang zwischen den veränderten Kulturwertideen und den veränderten Erkenntnisinteressen einer Forschergruppe hergestellt. Den Antrieb zur Veränderung der *Erkenntnisinteressen* macht er an einer Motivationshypothese fest: Vor dem 1. Weltkrieg genossen Naturwissenschaften und Technik ein hohes Ansehen im Kaiserreich. Doch mit der durch den Spenglerismus repräsentierten

Veränderung der Wertideen geht ein sinkendes Prestige der Naturwissenschaftler einher. Nach Forman erkennen viele deutsche Naturwissenschaftler diesen Trend, den sie als eine Krise ihres Ansehens erleben. „…das fundamentale Problem wurde als moralische und intellektuelle Krise wahrgenommen, als eine Krise der Natur, als Krise der Naturwissenschaften und der Gelehrsamkeit" (WCC 26). Sie reagieren darauf. Sie reagieren darauf, indem sie sich an den kulturellen Trend anpassen. Forman scheint dabei eine Art Identifikation mit dem Aggressor anzunehmen. Denn sie passen sich dem unpassenden Zeitgeist an und schließen sich damit auf eine gewisse Weise dem Widerstand gegen das mechanistische Denken und die klassische Kausalitätsvorstellung, gegen die Vorstellung eines streng gesetzmäßigen Zusammenhangs zwischen Ursache und Wirkung an. Anders ausgedrückt: Ihre Erkenntnisinteressen verändern sich aufgrund der Veränderung von Kulturwertideen bzw. „Kulturproblemen" – wie Weber auch sagt (vgl. GWL 184). Diese Veränderungen der Erkenntnisinteressen wirken sich nach Formans These vor allem auf die Kausalitätsvorstellungen bzw. den Kausalbegriff vieler deutscher Physiker bei ihrer Untersuchung atomarer Zusammenhänge aus. Und der Kausalitätsbegriff ist ohne Zweifel Bestandteil der Kernvorstellungen naturwissenschaftlicher *Theorien*. Letztendlich entsteht eine „akausale Quantenmechanik" (WCC 108). Natürlich bedeutet das überhaupt nicht, die vielfältigen *internen* Probleme der Theoriebildung und der experimentellen Forschung mit ihrem hohen Grad der Komplexität und fachwissenschaftlichen Anforderungen hätten nur eine randständige Rolle gespielt. Das Gegenteil ist selbstverständlich der Fall. Forman sagt zwar, „der sozial-intellektuelle Druck, der auf den Physikern als Mitgliedern der deutschen akademischen Gemeinschaft lastete", stelle „den wichtigsten Faktor dar" (WCC 110). Aber diese Gewichtung ist m. E. eine Funktion der in der Tat zentralen Rolle, die das Konzept der „Kausalität" bzw. des „Kausalitätsgesetzes" in der theoretischen und experimentellen Physik überhaupt spielt. Deswegen fasst Forman die Ergebnisse seiner Studie so zusammen: „…plötzlich durch einen Wandel in den öffentlichen Werten der Wertschätzung des Prestiges entzogen, das sie vor und im Ersten Weltkrieg genossen, waren die deutschen Physiker gezwungen, ihre Ideologie (triftiger ist wohl: ihre Erkenntnisinteressen! – J. R.) zu ändern, sogar den Inhalt (!) ihrer Wissenschaft, um ein günstiges Bild in der Öffentlichkeit zurückzugewinnen" (WCC 110). Zur Erinnerung: Bei Max Weber hört sich das Nämliche in den Schlusssätzen seiner programmatischen Schrift über die „Objektivität sozialwissenschaftlicher und sozialpolitischer Erkenntnis" an einigen Stellen genau so an: „Das Licht der großen Kulturprobleme ist weiter gezogen. Dann rüstet sich auch die Wissenschaft, ihren Standort und ihren Begriffsapparat zu wechseln, und aus der Höhe des Gedankens auf den Strom des Geschehens zu blicken" (GWL 214). Das ist und bleibt insofern eine überraschende Aussage, weil Weber hier den Zusammenhang zwischen der

Veränderung von Kulturproblemen ebenfalls bis in die *Inhalte* (und ein Begriffsapparat zählt ganz gewiss dazu!) der Wissenschaft hinein verfolgt. Das sieht bei Bloor, Barnes und Forman nicht anders aus. Aber im Falle Max Webers ist es insofern überraschend, weil für ihn als Vertreter der Dichotomiethese der Einfluss von Erkenntnisinteressen (Standort) normalerweise nur bis zur Auswahl des Untersuchungsgegenstandes reicht. Ein Problem bei Forman besteht allerdings darin, dass er die Relation zwischen den einzelnen Stadien und Phasen seiner Zusammenhangsaussagen als einen Kausalzusammenhang schlechthin, womöglich sogar deterministisch interpretiert.

Kulturprobleme, Interessen und Perspektiven

7

In seiner programmatischen Schrift über die „Objektivität sozialwissenschaftlicher und sozialpolitischer Erkenntnis" benutzt Weber des Öfteren Begriffe wie „Kulturfrage" (GWL 133) oder „Kulturproblem" (GWL 184). Seine zentrale These lautet, dass in den „Wissenschaften von der menschlichen Kultur" – ich denke: nicht nur in diesen – „die Bildung der Begriffe von der Stellung der Probleme abhängt und dass diese letztere wandelbar ist mit dem Inhalt der Kultur selbst" (GWL 207). Im Einklang mit dieser Grundannahme kann Weber daher sagen: „Nicht die >>sachlichen<< Zusammenhänge der >>Dinge<<, sondern die *gedanklichen* Zusammenhänge der *Probleme* liegen den Arbeitsgebieten der Wissenschaften zugrunde" (GWL 166; Herv. i. Org.). Diese Aussage klingt an der Oberfläche nach Kulturrelativismus. Aber ich denke, es ist gerade Max Weber völlig klar gewesen, dass z. B. Zweckrationalität eine Norm darstellt, die zwar im Okzident kulturspezifische Ausprägungen und Steigerungen erfahren hat, dass jedoch keine Kultur hätte überleben können, wären ihr auf Dauer die in welchen Graden auch immer erfolgreiche Zuordnung der Mittel zu Zwecken misslungen. Zweckrationalität stellt eine durchgängige, historisch konkret äußerst verschiedenartig ausgeprägte Umgangsform mit dem Äonen der Menschheitsgeschichte übergreifenden Systemproblem der materiellen Reproduktion dar. Da es nicht nur ideelle „Kulturprobleme" gibt, die sich etwa der Vagheit oder Widersprüchlichkeit von „Kulturwertideen" verdanken, nicht nur kognitive oder theoretische Schwierigkeiten vorzufinden sind, sondern auch handfeste Handlungsprobleme der Individuen und Gruppen sowie Systemprobleme (etwa vom Rang ökonomischer Krisen der Gesellschaft), wären demnach ganz allgemein gesellschaftliche *Probleme* (als Einheit von Problemsituation und Problembewusstsein verstanden) als der Grund, gleichsam als die Startzone eines wissenssoziologischen Kreislaufmodelles (s.u.) anzusehen. Dieser Ansicht ist ausdrücklich Karl Raimund Popper und – so verwunderlich es klingen mag – auch sein Kontrahent im Positivismusstreit: Theodor W. Adorno. Popper sagt: „Die

J. Ritsert, *Wert*, DOI: 10.1007/978-3-658-02194-8_7,
© Springer Fachmedien Wiesbaden 2013

Erkenntnis beginnt nicht mit Wahrnehmungen oder Beobachtungen oder der Sammlung von Daten oder von Tatsachen, sondern sie beginnt mit *Problemen*."[1] Und er denkt dabei ausdrücklich an *praktische* Probleme, die dann den Anstoß zum Nachdenken und Theoretisieren geben. Adorno antwortet: „In meiner Zustimmung zu *Poppers* Kritik am Szientivismus und seiner These vom Primat des Problems muss ich vielleicht weitergehen, als er es billigt."[2] Natürlich hängt damit alles am Begriff des „Problems", den ich oben skizziert und an anderen Stellen etwas ausführlicher erläutert habe (s.o. S. 40f.).[3] Auf jeden Fall ist Menschen in zahllosen Fällen etwas lieb und teuer, wenn es der Problembearbeitung wenigsten auf einem erträglichen Niveau, wenn nicht der Verbesserung der bisherigen Anstrengungen nach dem Prinzip von Versuch und Irrtum dient. Das starke Programm in seinen Edinburgher Variationen rückt allerdings nicht so sehr Probleme, sondern „das Interesse" in das Zentrum von Aussagen über den Zusammenhang zwischen sozialen Faktoren und Wissenssystemen bzw. Theorien (auch naturwissenschaftlichen). Nicht wirklich im Gegensatz zu Husserls These vom lebensweltlichen Horizont der Forschung (zu dem auch Interessen gehören), recht ähnlich wie Weber mit seiner These von der Rückbeziehung der Forschung auf Wertideen oder Kulturprobleme, die der „Kulturwirklichkeit" selbst angehören, genauso so wie Bloor schreibt auch Barnes: „Wir müssen uns erneut fragen, wo die ursprüngliche Menge der Theorien herkommt. Wenn sie, wie es allen Vermutungen nach sein muss, aus den allgemeinen kulturellen Ressourcen des Wissenschaftlers bezogen oder dadurch inspiriert wird, dann kann die endgültige, rational ausgewählte Theorie teilweise durch soziale Faktoren bestimmt sein" (SKST 13). Und als der entscheidende Faktor dieser partiellen Einflüsse kultureller Ressourcen gilt *das Interesse*. Nicht zuletzt dadurch erregen starke Vermittlungsthesen wie die von Bloor und Barnes die Empörung solider Physikalisten. So greift beispielsweise Mario Bunge auf eine andere berühmte und bestimmt nicht mit leichter Hand zu verwerfende Dichotomiethese zurück, auf *Genesis und Geltung* als zwei logisch strikt getrennt (strikt disjunktiv) zu behandelnden Sphären: „Was den Verdacht angeht, dass ein wissenschaftliches Programm dann, wenn es durch materielle oder ideologische Interessen motiviert oder verzerrt ist, keine wahren Ergebnisse objektiv wahre Ergebnisse liefern kann, stellt er ein Beispielfall dafür dar, was Philosophen den *genetischen Fehlschluss* genannt haben. Er besteht in der Beurteilung eines Wissensbestandteiles durch seine Geburts- (oder

---

[1] K. R. Popper: Die Logik der Sozialwissenschaften, in: Th. W. Adorno et. alt.: Der Positivismusstreit in der deutschen Soziologie, Frankfurt/M 1972, S. 104.

[2] A.a.O.; S. 128.

[3] Vgl. J. Ritsert: Theorie praktischer Probleme, Wiesbaden 2012, Kap. 2 und oben im Text die Seiten 40f.

Tauf-)Urkunde" (CENS 48). Bunge weist mit Recht darauf hin, dass eine Aussage wahr sein kann, gleichgültig wie die Motivationslagen der Individuen oder die gesellschaftlichen Umstände bei ihrer vormaligen Aufstellung war. Er zieht daraus die übliche Konsequenz, der Begründungszusammenhang der Forschung, der Bereich rationaler Operationen beim Theorieaufbau und der Theorieüberprüfung sei völlig getrennt von seinem „Ursprung und Gebrauch" zu diskutieren und zu behandeln (ebd.). Der genetische Fehlschluss weist ja den formalen Charakter einer irreführenden *Deduktion* auf. Man kann in der Tat nicht von der Einsicht, wie und warum jemand dazu gelangt ist, eine Hypothese aufzustellen und/oder für wahr zu halten, darauf schließen, dass sie wahr ist. Aber dass es einen nicht zu kappenden *inneren* Zusammenhang zwischen dem Inhalt und den Ordnungsprinzipien einer Theorie und „kulturellen Ressourcen" (Barnes) gibt, stellt eine andere Behauptung dar – so strittig sie auch ist und bleiben mag. Wenn es die zentrale These des Strong Programm lautet, „dass Zielsetzungen und Interessen mit der wissenschaftlichen Forschung in allen aktuellen Situationen assoziiert sind und als mitwirkende Ursachen der Handlungen oder eine Reihe von Handlungen operieren, welche die Forschung konstituieren", dann stellen sich – vorausgesetzt man liest: „assoziiert" (s.o.) als „intern vermittelt" und „konstituieren" als „für den Aufbau unabdingbar" – andere Fragen (SK 120). Nicht zuletzt die folgenden:

1. Was ist unter einem *Interesse* zu verstehen?
2. Wie und mit welchem Recht wird „das Interesse" im Einklang mit dem ersten Grundsatz Bloors als singulärer Kausalfaktor behandelt?
3. Verursacht der Einfluss von Interessen auf eine Theorie wirklich zwangsläufig deren Verfälschung oder Ideologisierung?
4. Wie ist ein immanenter Interessenbezug von Theorien zu begreifen?

Ad 1: Zum Begriff des „Interesses": „Interesse", „l'interêt", „interest", das sind Begriffe aus verschiedenen Sprachen, die wie so viele andere auch ihre gemeinsame Wurzel im klassischen Latein haben. Dort bedeutet *interesse* so viel wie „Dazwischensein". Etwas nimmt eine räumliche oder zeitliche Position zwischen mindestens zwei anderen Sachverhalten ein. Doch Interesse ist alles andere als ein homogener Begriff. Folgende 6 Hauptbedeutungen lassen sich nach meiner Auffassung ganz gut unterscheiden[4]:

---

[4] Vgl. dazu J. Ritsert: Materialien zur Kritischen Theorie der Gesellschaft, Heft 5: Erkenntnis, Interesse und Ideologie, Frankfurt/M 2010, S. 14f. sowie Heft 13: Problem, Interesse und Wert, Frankfurt 2013.

Interesse 1: Schon im Latein bezieht sich „Interesse" auf Zinszahlungen. Zinsen sind deswegen zu zahlen, weil der Schaden abgegolten werden muss, der dem Gläubiger bei einer Geldausleihe entsteht. Denn in der Zeit *zwischen* Auszahlung und Rückzahlung liefert ihm sein Geld keine Erträge mehr.

Interesse 2: In vielen Alltagssprachen tritt „das Interesse" als *Aufmerksamkeit* auf. Damit versteht sich „Interesse" als Anteilnahme an einem Geschehen, insbesondere als „gespannte Aufmerksamkeit". Mit Interesse stellt unsereins dann etwa fest, dass etwas Bestimmtes geschieht oder nicht geschieht. In diesen Bereich fällt auch der Begriff des *Erkenntnisinteresses* etwa im Sinne der durch Wertideen fokussierten Aufmerksamkeitszone der Mitglieder einer Forschergemeinschaft.

Interesse 3: Alltagssprachlich gleichermaßen geläufig ist die Bedeutung des Begriffes „Einzelinteresse". Es wird gern wie ein zündender Funke für individuelles Verhalten und damit wie ein singulärer Kausalfaktor behandelt. Der Einzelnen strebt nach etwas, das er begehrt, was ihm nutzt. „Das Interesse" hat eine handlungsauslösende Funktion. Das Einzelinteresse kann sich daher in der Spannbreite verschiedener Motivationen bewegen. Sie reichen vom „nackten Eigeninteresse" (Eigennutz und hemmungsloses Vorteilsstreben) bis zum klug bedachten Einsatz von den Mitteln unter den Randbedingungen einer Situation möglichst auf die Weise, dass die Bedürfnisse befriedigt bzw. die Ziele und Zwecke der Person erreicht werden. Das „materielle Interesse" bedeutet von daher meist den Inbegriff von Veranstaltungen zur Sicherstellung des Lebensunterhaltes. Hinter dem materiellen Interesse steht – anders als beim hemdsärmeligen Vorteilsstreben – in letzter Instanz das legitime *Interesse an Selbsterhaltung (principium sese conservare)*. Diesem Bereich kann man aber auch Begriffe wie „partikulares Interesse" oder „Sonderinteresse" zuordnen. Irgendeine Lobby verfolgt die Sonderinteressen ihrer Verbandsmitglieder mit allen Mitteln und Tricks. Da kommt es womöglich zu einem „Interessenkonflikt" konkurrierender Sonderinteressen.

Interesse 4: Wissenschaftssprachlich kommt der Kategorie des „Erkenntnisinteresses" nicht nur bei Max Weber oder Jürgen Habermas eine besonderes Gewicht zu. Dazu ist oben schon Einiges gesagt worden.

Interesse 5: Ausgehend von Vorschlägen, die Brian Barry vor einiger Zeit gemacht hat, lässt sich ein wissenschaftssprachlicher Interessebegriff als ein komplexes Gefüge verschiedener Bestimmungen rekonstruieren, das mehr als einen singulären Kausalfaktor bedeutet.[5] Es kann vor allem zu einem Konzept ausgebaut werden, das es erlaubt, allgemeine Aussagen über die „objektive" Sozialstruktur einer Gesellschaft mit Aussagen über das „subjektive" Motive, Orientierungen und

---

[5] B. Barry: Political Argument, London 1965.

Handlungen einzelner Personen und Gruppen, insofern allgemeine Aussagen über das gesellschaftliche Sein mit dem spezifischen Bewusstsein von Personen zu *vermitteln*. Ein an Brian Barry anschließende Vorschlag zur Begriffsbestimmung lässt sich von daher so zusammenfassen:

> *Eine Handlung oder eine Handlungsstrategie (aber auch irgendein Ereignis oder Vorgang) ist im Interesse von A, wenn sie – die Strebungen (Bedürfnisse, Neigungen, Ziele etc.), die Orientierungen und das Wissen von A gegeben – die tatsächliche Situation, in der sich A befindet, an seinen Strebungen gemessen verbessern oder wenigstens auf dem gleichen Niveau seines Systems der Bedürfnisse (seines „Glücks") halten wie bisher.*

Zur Erläuterung Beim Akteur A kann es sich sowohl um ein Individuum als auch um eine Gruppe von Menschen handeln. Die Frage ist, was es heißt, Handlungen von A oder Geschehnisse seinem „in seinem Interesse"? Der Akteur befindet sich in einer tatsächlich bestehenden, in diesem Sinne „objektiven" Situation. Empirisch genauer wird sie nicht zuletzt durch seine Stellung und Funktionen in sozialen Prozessen als *objektiven*, faktischen Abläufen mit dem materiellen Reproduktionsprozess als gesellschaftliche Basis beschrieben. Seine tatsächliche Stellung im ökonomischen Reproduktionsprozess erfasst – so gesehen – seine *materielle Interessenlage* (s. Interesse 3). Auf der anderen Seite werden seine *subjektiven* Strebungen, seine Neigungen vom elementaren Bedürfnis bis hin zu irgendeiner komplexen Zielsetzung als gegeben angenommen. Diese Neigungen also einmal vorausgesetzt, lautet die Frage, ob eine Handlung oder Handlungsstrategie – aber auch ein äußeres Ereignis oder ein überindividueller eigensinnig ablaufender und einwirkender Prozess – die *objektive* Situation des Akteurs A stabilisiert oder gar verbessert. Den Maßstab für „gleich gut oder „besser" liefert zunächst das System der gegebenen *subjektiven* Neigungen (Präferenzen) von A. Aber A kann eine Aktion aus einem wohl oder unwohl verstandenen Eigeninteresse heraus starten, die sich gleichwohl gegen sein eigenes Interesse kehrt, beispielsweise, indem unangenehme und ungeplante Nebenfolgen seiner planvoller Handlungen auftauchen. Es kann aber auch – umgekehrt – ihm gar nicht geläufige Aktionen und Vorgänge geben, die seine Interessenlage hinterrücks verbessern. Insoweit die Situation einer Gruppe als geschichtliche Stellung in einem basalen ökonomischen Reproduktionsprozess verstanden wird, der durch die *Appropriation eines Surplus von Seiten der Herrengewalten* charakterisiert ist, liegt ein *Klasseninteresse* vor. Gegensätzliche Interessen können durchaus als Motor zur Erreichung – woran auch immer gemessen – „besserer" Verhältnisse wirken (Produktiver Gegensatz). Aber destruktive *Interessenkonflikte* zwischen Personen und Gruppen treten dann auf, wenn die Strategie von A die Interessen von B beeinträchtigt – und umgekehrt. Dabei kann es sich im Extremfall um ein Nullsummenspiel handeln: Was A gewinnt, muss B verlieren. Es ergibt sich damit ein besonders scharfer *Interessenantagonismus*.

Natürlich werden damit gewisse Verbindungen zwischen diesem Interessebegriff und den Aktormodellen der Spiel- und Entscheidungstheorie hergestellt. Doch es gibt auch einschneidende Differenzen: So wird A bei einer derartigen Interessenanalyse *nicht* zwangsläufig als Nutzenmaximierer beschrieben. Die

Verbesserung der Lage muss nicht in der *Maximierung* des Nutzens von A ausmünden. Im Gegenteil: *Er selbst* kann sogar unfreiwillig seinen Interessen *entgegen* handeln. Es wird überdies von sozialen Prozessen ausgegangen, die „im Interesse" von A sind oder seinem Interesse entgegenstehen, obwohl ihm davon wenig bis gar nichts bewusst sein muss und strategisch schon gar nicht zugängig ist.

Interesse 6: Es ist sinnfällig, dass es deutliche Überschneidungen zwischen den Begriffen „Problem" und „Interesse" gibt. Bei Problemen stehen wir vor Schwierigkeiten, die sich nicht so einfach durch irgendein elegantes Verfahren überwinden lassen. Es türmen sich Hürden und Hindernisse auf, die es uns schwer machen, die vorhandenen Ziele auf direkten Wegen zu erreichen. Andererseits ist die Durchsetzung von Interessen in zahllosen Fällen von einer annehmbaren Problembearbeitung und Problemlösung abhängig. Es geht ja beim Umgang mit Problemen immer auch um Möglichkeiten, eine schwierige Situation so zu gestalten, dass die vorhandenen Zielsetzungen mit verfügbaren Mitteln erreicht und die Interessenlage dadurch wenigstens stabilisiert, wenn nicht verbessert wird. Schließlich: Wenn Interessen verfehlt oder verletzt werden, entsteht ganz bestimmt ein handfestes *Problem* für den Akteur. Es kann in jemandes Interesse sein, bestimmten Problemen aus dem Wege zu gehen. Bei „Problem" liegt der Akzent eher auf den Hindernissen auf dem Weg zum Ziel. Bei „Interesse" eher auf den Mitteln und Strategien, die Problemlage zu stabilisieren oder zu verbessern. Die faktische Situation eines Akteurs besteht oftmals in einer *tatsächlichen Problemlage,* die in den verschiedensten Bereichen seiner Lebensführung auftreten kann. Ähnlich wie bei der Unterscheidung zwischen Problemsituation und Problembewusstsein erscheint zudem eine Differenzbestimmung zwischen Interessenorientierung und Interessenlage sinnvoll. Wie die Interessenlage tatsächlich strukturiert ist, muss sich nicht mit dem decken, was die Handelnden selbst für ihr Interesse (meist im Sinne von Interesse 3) halten. Niemand ist davon ausgenommen, sich z. B. kräftig über Handlungsmöglichkeiten in einer Situation zu täuschen. Auf jeden Fall ist die aussichtsreiche(re) Bearbeitung eines Problems stets „im Interesse" von A. Eine noch festere Verbindung zwischen den beiden Begriffen „Problem" und „Interesse" wird vor allem durch die Norm der Zweckrationalität hergestellt. Es geht bei beiden Kategorien um den erfolgversprechenden Einsatz von Mitteln zur Problembearbeitung und/oder um die Auswirkungen von Strategien bzw. Prozessen, wodurch die subjektiven Präferenzen in der objektiven Situation mit den vorhandenen Mitteln erfüllt werden. Aber ist das alles? Stellt der fünfte Interessenbegriff das letzte Wort einer Interessenanalyse dar? Nach meiner Auffassung nicht! Denn es gibt noch eine gerade für die kritische Theorie der Gesellschaft besonders wichtige Variante: das *objektive Interesse.* Der fünfte Interessebegriff wirft nicht zuletzt das Problem auf, anhand welcher Maßstäbe wir nicht nur darüber befinden können, wie die

„Verbesserung", „Verschlechterung" oder das „Gleichbleiben" einer Interessenlage aussehen könnten, sondern auch, wie „vernünftig" die Vorlieben und Abneigungen der Akteure selbst sind. In der oben vorgeschlagenen Definition liefert zunächst das System der vorhandenen Bedürfnisse den Stützpunkt für Messungen. Dazu kann man im Anschluss an Kant auch sagen, es ginge daher primär um das „Glück" der Akteure. Denn „der Mensch fühlt in sich ein mächtiges Gegengewicht gegen alle Gebote der Pflicht, die ihm die Vernunft so hochachtungswürdig vorstellt, an seinen Bedürfnissen und Neigungen, deren ganze Befriedigung er unter dem Namen der Glückseligkeit zusammenfasst" (GMS 32). Bei modernen Ökonomen steht „Nutzen" statt „Glück". Der normativ auf Zweckrationalität gegründete Interessebegriff 5 gibt letztendlich Auskunft über die *subjektiven Interessen* von Personen im Kontext ihres historischen Glücksstrebens. Aber die Präferenzen der Einzelnen, die zum Kern des subjektiven Interesses gehören, können – wie Kant mit Recht betont – von Person zu Person ganz verschieden aussehen; ganz abgesehen davon, dass die Neigungen der gleichen Person in sich gegenläufig, vage, vor- und unbewusst ausfallen können.6 Gibt es also ein *objektives*, über die Partikularität der subjektiven Neigungen hinausweisendes Interesse? Bei Kant lautet die Antwort ganz entschieden: Ja! „Objektiv" bedeutet in diesem Falle „universell bindend". Die Möglichkeit zur Realisierung dieses Interesses ist im idealen Falle für *alle* Menschen zu garantieren. Bei ihm und vielen anderen Autoren, die in der Tradition der deontischen Ethik stehen, bemisst sich das *objektive Interesse* am Autonomieprinzip. Was die „Kritik der praktischen Vernunft" angeht, stellt es ein Implikat des Kategorischen Imperativs dar. Denn dieser gebietet, den freien Willen anderer Individuen anzuerkennen und zu fördern. Daran hängt ihre Würde. Die Würde des Subjekts wiederum wurzelt in seiner anerkannten sowie institutionell und gesamtgesellschaftlich gestützten Willensfreiheit (Hegel: „Konkrete Freiheit"). Deswegen schließt der Kategorische Imperativ in der Tat rigoros jede Strategie der individuellen oder kollektiven Interessenverfolgung aus, welche auf die Repression des freien Willens anderer Menschen mit den Mittel der Gewalt, der Macht, der Instrumentalisierung aufgrund hemdsärmelig durchgeboxter Sonderinteressen sowie mittels subtilerer Muster der Manipulation der Eigeninteressen wegen aus ist. Das Autonomieprinzip als Maßstab legt zudem die Trennungslinie zwischen „partikularen" und „ethisch-politisch objektiven" Interessen im Einzelnen fest, wobei man nicht unterstellen darf, dass „partikulare" Interessen *zwangsläufig* gleich „illegitimen" Interessen wären! Wer sich in einer

---

6 „Allein es ist ein Unglück, dass der Begriff der Glückseligkeit ein so unbestimmter Begriff ist, dass, obgleich jeder Mensch zu dieser zu gelangen wünscht, er doch niemals bestimmt und mit sich selbst einstimmig sagen kann, was er eigentlich wünsche und wolle" (GMS 47).

besonderen Lage befindet, kann sich getrost an die Verbesserung derselben machen, vorausgesetzt, er trägt damit nicht zur Steigerung von Ungleichheit, Unrecht und Ungerechtigkeit bei anderen Menschen, also zur Repression bei und/oder die Konsequenzen seiner Aktionen gehen zu Lasten und zum Schaden der Anderen. In diesem Falle verletzt er ihre *legitimen Interessen.*

Ad 2: Stellt das Interesse einen singulären Kausalitätsfaktor dar? Im Falle der Interessebegriffe 5 und 6 macht diese Vorstellung keinen Sinn. Es handelt sich dabei ja um komplexe Konstellationen verschiedener Momente und nicht um ein einzelnes (Probleme auslösendes) Ereignis wie der Ausfall sämtlicher Triebwerke beim Flugzeug. Diese beiden Interessebegriffe passen zudem nicht zum ersten Bloorschen Grundsatz. Das mag beim Interesse 3 anders aussehen: Zweifellos kann irgendeine einzelne selbstsüchtige – bewusste oder unbewusste – Motivation Ereignisse im Umfeld kausal auslösen, oftmals für die Betroffenen keine sehr angenehmen. Oder: Unbewusste Motive können der Freudschen Theorie zufolge Rationalisierungen hervorrufen. Rationalisierende Äußerungen zeichnen sich außer ihren Auswirkungen jedoch auch dadurch aus, dass man sich selbst und anderen Menschen unter der Einwirkung unbewusster Strebungen mit guten Argumenten etwas vormacht. Der Gedanke verkehrt sich, ohne völlig verkehrt zu sein. Aber es gibt natürlich auch „lautere Motive und Interessen", die irgendetwas bewirken können.

Ad 3: Verursacht der Einfluss von Interessen auf eine Theorie zwangsläufig deren Verfälschung oder Ideologisierung? Im Grunde genommen wird damit eine irreführende Frage aufgeworfen. Wenn die Botschaft lauten sollte, *jeder* Einfluss von „Interesse" in irgendeiner seiner erwähnten Erscheinungsformen führe *zwangsläufig* zu Verfälschung und Ideologie, dann ist das schlicht und einfach falsch. Dennoch wird gelegentlich der Eindruck erweckt, dass ein jeder Einfluss von (nicht näher bestimmten) Interessen auf Erkenntnisse notwendigerweise zu deren Verkehrung und ideologischen Verschleierung führen müsse. Interessen, wenn nicht gesellschaftliche Faktoren insgesamt werden damit „als etwas behandelt, das, wenn es in den Inhalt des Wissens eingeht, die Operation der Vernunft behindert und die Verbindung mit der materiellen Umwelt schwächt" (SHS 232) Diese Ansicht hat schon Max Horkheimer zurückgewiesen: „In ihr (der Soziologie – J. R.) so wenig wie in anderen Disziplinen muss das Interesse, das von sich weiß, ein Hemmnis der Sachlichkeit bilden, eher wird sie von ihm herbeigeführt."[7] Und, dass Interesse 2, die Aufmerksamkeit, das Wissen und die

---

[7] M. Horkheimer/Th. W. Adorno: Sociologica II. Reden und Vorträge, Frankfurter Beiträge zur Soziologie, Band 10, Frankfurt/M 1962, S. 13. Vgl. auch B. Barnes: Interests and the Growth of Knowledge, London 1977, S. 10ff.

Erkenntnis schlechthin verfälscht, wäre eine geradezu lächerliche Behauptung. Selbstverständlich ist (meistens unterschwellig) ein bestimmter Typus von Interessen gemeint, dem sich diese verderblichen Effekte zuschreiben lässt. Auf dem Boden kritischer Theorien der Gesellschaft und damit am Maßstab des Autonomieprinzips als Ausdruck eines objektiven Interesses der Menschheit gemessen, wird er eindeutig festgelegt: Es sind Interessen an der Gewinnung von Vorteilen zu Lasten und zum Schaden anderer, an der Unterdrückung ihres freien Willens, um die eigenen durch Machtmittel und Herrschaftstechniken gestützten Privilegien und Strebungen zu sichern und den Beherrschten womöglich als gottgewollt, verdient o. ä. einzureden (Ideologie als Legitimation von Übermacht), welche Ideologien bedingen. *Sie* bedeuten in dieser Theorietradition den entscheidenden Faktor, der Verkehrungen und Verfälschungen bewirkt.

Ad 4: Wie ist der immanente Interessenbezug von Theorien zu begreifen? Das ist die Gretchenfrage. Nach meiner Überzeugung hat vor allem die starke Behauptung, gesellschaftliche Faktoren wie Interessen *gingen in den Inhalt des wissenschaftlichen Wissens selbst* ein, den erkenntnisfördernden Skandal hervorgerufen. Auch von Popper und seinen Schülern wird an dieser Stelle meistens die Dichotomiethese in der Spielart des Gebotes mobilisiert, den Gewinnungszusammenhang (Entstehungszusammenhang; Genesis) der Forschung nicht mit ihrem Begründungszusammenhang (mit dem Bereich der rationalen Aussagenordnung sowie vernünftiger Begründung und Überprüfung) zu vermengen. Genau dieses Sakrilegiums macht sich eine Fülle von Autoren auf je verschiedene Arten und Weise schuldig, obwohl die Kernvorstellungen ihrer Theorien und der philosophischen Traditionen, worin diese stehen, ansonsten mehrere Meilen weit voneinander entfernt sein können. Daran sei nochmals erinnert.

Zusammenfassung: Ein wissenssoziologisches Kreislaufmodell

Voraussetzungen des Modells (Schlüsselzitate):

1. *Kants Lehre von der bestimmenden Urteilskraft:* „Wollte sie (die Logik – J. R.) nun allgemein zeigen, wie man (empirische Phänomene – J. R.) unter diese Regeln (unter allgemeine Begriffe bzw. Kategorien – J. R.) subsumieren, d.i. unterscheiden sollte, ob etwas darunter stehe oder nicht, so könnte dies nicht anders, als wieder durch eine Regel geschehen. Diese aber erfordert eben darum, weil sie eine Regel ist, aufs neue eine Unterweisung der Urteilskraft, und so zeigt sich, dass der Verstand zwar einer Belehrung und Ausrüstung durch Regeln fähig, Urteilskraft aber ein besonderes Talent sei, welches gar nicht belehrt, sondern nur geübt sein will. Daher ist diese auch das Spezifische des so genannten Mutterwitzes, dessen Mangel keine Schule ersetzen kann …" (KrV 184). Wenn auf diese Weise in zahllosen Fällen keine absolut eindeutige „Subsumtion" von Fällen „unter Regeln" möglich ist, dann handelt es sich hier um einen Punkt, wo soziale Faktoren (wie Konventionen oder Interessen) zwangsläufig in die logischen Operationen des Verstandes selbst eingehen müssen. Die Vertreter des Edinburgher Programms würden die Behauptung bestehender Verbindungslinien ihrer Argumente zu Kants Lehre von der Urteilskraft wahrscheinlich zurückweisen und auf der ganz anderen Art ihrer Bearbeitung des Problems im Detail bestehen. Aber was sagen sie im Kern anderes? „Wie es jedoch so läuft, es existieren zahlreiche alternative Klassifikationen der Natur, die durch verschiedenartige Kulturen und Subkulturen gestützt werden; es gibt keine Standardlandkarte … Kein einzelner Akt der Ostension (des zeigenden Hinweises auf eine sinnfällige Gegebenheit – J. R.) reicht aus, um den korrekten Gebrauch eines Begriffes zu lehren: Ostension ist notorisch unbestimmt" (SK 46 + 49). Das stimmt!

J. Ritsert, *Wert*, DOI: 10.1007/978-3-658-02194-8,
© Springer Fachmedien Wiesbaden 2013

2. *Max Weber bei der Überschreitung von ihm selbst streng gezogener Grenzlinien* (vgl. 6.1.): „Der indirekte Einfluss der unter dem Druck >>materieller Interessen<< stehenden sozialen Beziehungen, Institutionen und Gruppierungen der Menschen, erstreckt sich (oft unbewusst) auf alle Kulturgebiete bis in die feinsten Nuancierungen des ästhetischen und religiösen Empfindens hinein …" (GWL 162). Die Wissenschaft ist durch „bestimmte Problemstellungen auf einen bestimmten Stoff hin ausgerichtet" und betrachtet – wie Kuhn dies später in seiner Lehre von den Paradigmata ausführt – die Bearbeitung dieses „Stoffes als Selbstzweck …, ohne den Erkenntniswert der einzelnen Tatsachen stets bewusst an den letzten Wertideen zu kontrollieren, ja ohne sich ihrer Verankerung an diesen Wertideen überhaupt bewusst zu bleiben" (GWL 214). Dem entspricht bei Th. S. Kuhn die normalwissenschaftliche Arbeit). Aber irgendwann verändern sich die großen praktischen Kulturprobleme und/oder die Menge der allgemeinen Wertideen, worauf die Erkenntnisinteressen der Forscher „wertbezogen" sind. „Dann rüstet sich auch die Wissenschaft, ihren Standort und ihren Begriffsapparat zu wechseln" (ebd.). Ich habe schon betont, dass man dies nicht als eine historistische oder kulturrelativistische Behauptung lesen muss. Weber wusste bestimmt, dass erfolgsorientierte (zweckrationale) und in welchem Grade auch immer erfolgreiche Handlungen der Individuen beim Mitteleinsatz zu den Bedingungen ihrer Selbsterhaltung gehören. (Es gibt den Bezug auf das universelle Kulturproblem der materiellen Reproduktion der Gesellschaft durch Arbeit, woran die materiellen Interessen der Individuen geknüpft sind). Doch außerordentlich bemerkenswert ist, dass er zumindest an den zitierten beiden Stellen die Grenzen überschreitet, die er sonst für den Einfluss von Wertideen via Erkenntnisinteressen der Forscher auf die Theorien selbst zieht. Dass der Einfluss der materiellen Interessen bis in die „feinsten Nuancierungen des ästhetischen und religiösen Empfindens" hineinreicht, könnte – wegen der Vokabel „Empfinden" – zwar Halt beim Innenleben der Subjekte gebieten, aber die Schlusssätze des Objektivitätsaufsatzes erwähnen den „Begriffsapparat", der offenkundig einen entscheidenden Bestandteil von Theorien und nicht bloß der Erkenntnisinteressen der Forscher darstellt!

3. *Husserls Theorie des lebensweltlichen Apriori* (vgl. 6.2.): „Es gehört zu den allem wissenschaftlichen Denken und allen philosophischen Fragestellungen vorausliegenden Selbstverständlichkeiten, dass die Welt ist, immer im Voraus ist, und dass jede Korrektur einer Meinung, einer erfahrenden oder sonstigen Meinung, die schon seiende Welt voraussetzt, nämlich als einen Horizont von jeweils unzweifelhaft Seiend-Geltendem, und darin irgendeinen

Bestand von Bekanntem und zweifellos Gewissem, mit dem das ev. als nichtig Entwertete in Widerspruch trat. Auch objektive Wissenschaft stellt nur Fragen auf dem Boden dieser ständig im Voraus, aus dem vorwissenschaftlichen Leben her, seienden Welt. Sie setzt ihr Sein, wie alle Praxis, voraus, stellt sich aber das Ziel, das nach Umfang und Standfestigkeit unvollkommene vorwissenschaftliche Wisse umzusetzen in ein vollkommenes ..." (KR 113). „Lebensinteressen" erwähnt Husserl ausdrücklich als einen wesentlichen Bestandteil dieser Praxis (KR 121; 139). Die alltägliche Lebenswelt ist der „Boden aller unserer Interessen, unserer Lebensvorhaben, unter welchen die theoretischen der objektiven Wissenschaften nur eine besondere Gruppe bilden" (KR 157). Husserl begeht sogar den unheiligen Akt, diese Schlüsselthese auf Formalwissenschaften wie Geometrie und Mathematik anzuwenden! „Die geometrische Methodik der operativen Bestimmung einiger und schließlich aller idealen Gestalten aus Grundgestalten als den elementaren Bestimmungsmitteln, *weist zurück* auf die schon in *vorwissenschaftlich-anschaulichen* Umwelt, zuerst ganz primitiv, und dann kunstmäßig geübte *Methodik des ausmessenden und überhaupt messenden Bestimmens*" (KR 24; Herv. i. Org.). Wenn er daran erinnert, dass die „praktische Feldmesskunst" als „*vorgeometrische Leistung*" die Grundlage der mit höchsten Idealisierungen arbeitenden Geometrie darstellt, dann scheint er auf den ersten Blick dem genetischen Fehlschluss zu erliegen (KR 49; Herv. i. Org.). Aber er meint mehr als das: Die Alltagssprache und der unerschöpfliche Horizont alltagsweltlicher als selbstverständlich akzeptierter Sinnbestandteile, die nicht allesamt irreführend oder falsch sein können, bildet das „Sinnesfundament", woran jede idealisierende und die lebensweltlichen Wissensbestände transformierende, wenn nicht konterkarierende Wissenschaft letztendlich *immanent* immer auch gekoppelt bleibt. An dieses Sinnreservoir bleiben noch die abstraktesten Wissenschaften in ihrem Inneren angeschlossen. Anderenfalls wäre das Fachgespräch selbst in einem ganz engen Expertenkreis der gerade noch Eingeweihten, vor allem das die Lücken der „Subsumtion" empirischer Bestimmungen unter die transformierten und idealisierten Sinnbestände der Wissenschaften schließende Denken nicht möglich. Bekanntlich knüpft Alfred Schütz „phänomenologische Soziologie" an diese sicherlich sehr allgemein gehaltenen Überlegungen von Husserl an. Wie schon gesagt: So gewaltig anders klingt auch jene These von Barry Barnes nicht, die wissenschaftlichen Theorien seien das, was sie sind immer auch durch den inneren Anschluss an die „allgemeinen kulturellen Ressourcen" des Wissenschaftlers (SKST 13). Dass Szientisten diese Art der Argumentation für völlig widersinnig halten, versteht sich von selbst. Aber, wenn z. B. Mario

Bunge berechtigte Einwände gegen genetische Fehlschlüsse erhebt, weil die Korrektheit einer Idee von ihrem „Ursprung und ihrem Gebrauch" – ich ergänze – *immanent völlig* unabhängig sei und *ausschließlich* durch „strikt objektive Mittel" aufgebaut und zusammengehalten werden müsse, kann dies trotzdem irreführend oder (das Kant-Argument vorausgesetzt) zumindest einseitig sein (NSS 49). Hinzu kommt: Um Vertreter einer starken Vermittlungsthese zu sein, muss man sich überhaupt nicht gegen „begriffliche Klarheit und den Gebrauch formaler Methoden", auch nicht gegen die „Forderung nach Tests" und die „Kritik am Obskurantismus" aussprechen (NSS 51).

4. *Empirische Studien zur Überprüfung der starken Vermittlungsthese* (vgl., 6.4.2): Gerade die Vertreterinnen und Vertreter der Edinburgher Schule haben inzwischen eine ganze Fülle von Artikeln und Studien vorgelegt, welche auf die eine andere Weise dem starken Anspruch genügen sollen, zu zeigen, wie und auf welchen Wegen Handlungen, Ereignisse, Strukturen und Prozesse „draußen" in der Gesellschaft „in den Inhalt selbst, also in die Schlussfolgerungen und die Kenntnisse der Wissenschaftler Eingang finden" (Bloor). Nur ein Beispiel dafür unter vielen anderen liefert etwa die Artikelsammlung von H. Collins und Trevor Pinch über „The Golem – What you should know about science" und „The Golem at Large – What you should know about technology."[1] Einen äußerst bedenkenswerten Vorbehalt gegen diese wissenssoziologischen Studien auf dem Boden einer starken These, welche voraussetzt, dass „äußere" gesellschaftlicher Faktoren in die „innere" Verfassung naturwissenschaftlicher Theorien und Forschungsstrategien eingehen, fasst Bunge im Begriff der „Verandabeobachtung" zusammen (NSS 58). Gemeint ist damit die Strategie, die sozialen Beziehungen der Beteiligten bei der Wissensproduktion beispielsweise in einem Labor zu beobachten und danach Befunde zu reklamieren, die sich allem Anschein nach nicht auf die sozialen Relationen der Wissensproduzenten, sondern auf theoretische Inhalte ihres Wissens beziehen, von denen der kurzzeitig anwesende Wissenssoziologe gemeinhin wenig bis überhaupt keine Ahnung hat. „In der Tat, um effektiv an einem wissenschaftlichen Projekt in irgendeiner anderen Eigenschaft als der des reinen Labortechnikers teilnehmen zu können, ist es notwendig, das Problem zu verstehen, das untersucht wird" (ebd.). Zweifellos muss man etwas von den Theorien

---

[1] H. Collins/Trevor Pinch: The Golem. What you should know about science, Cambridge 1993 (1998) und diess.: The Golem at Large. What you should know about technology, Cambridge 1998.

und Experimenten verstehen, die zum Gegenstand der wissenssoziologischen Untersuchung gemacht werden. Aber dieses Argument spricht so einfach nicht gegen den Anspruch, eine Theorie daraufhin untersuchen zu können, welche Aspekte ihrer Inhalte bestimmten Erscheinungsformen der „kulturellen Ressourcen" draußen zumindest familienähnlich sind. Die Studie von Paul Forman (oben 6.4.2) liefert für mich weiterhin eines der eindrucksvollsten Beispiele dafür, wie das gehen könnte. Sie liefert aber auch einen eindrucksvollen Anhaltspunkt dafür, dass es guten Sinn machen könnte – statt sich an den engen Kausalismus des ersten Bloorschen Grundsatzes zu halten –, die Untersuchung im Rahmen eines *wissenssoziologischen Kreislaufmodells* durchzuführen(s.u.). Seine Wurzeln suche ich bei Max Weber und seine Grundstruktur lässt sich m. E. durch den Umbau von Thesen bei Jürgen Habermas sowie durch die transformierende Klärung einiger seiner Grundbegriffe seines Vortrags über „Erkenntnis und Interesse" umreißen. Interessanterweise finden sich Versatzstücke davon sogar bei Forman, Barnes und einer Reihe anderer Autoren.

Zur Grundstruktur eines wissenssoziologischen Kreislaufmodelles.

Ob es sich um Webers Lehre von den Werten als Grundlage alltagsweltlich „kulturbedeutsam" werdender Ereignisse und Aktionen bzw. um „Wertideen" als semantischer Gehalt wissenschaftlicher Erkenntnisinteressen (6.1.), um Husserls Konzept des „lebensweltlichen Apriori" (6.2.), um Habermas Reflexionen über das Verhältnis von „Erkenntnis und Interesse" (6.3.), um wissenssoziologische Grundsätze oder empirische Studien im Geist der Edinburgher Schule handelt (6.4.1. und 6.4.2.), man kann eine Reihe der dabei auftauchenden Begriffe und Thesen in eine Abfolge bringen, die ich das *wissenssoziologische Kreislaufmodell* nennen möchte. Natürlich könnte sich ein jeder Autor, dem eine bestimmte Handhabung des Modells nachgesagt wird, beschweren und betonen, dass er es *so* nicht gemeint habe. Andererseits sind nach meiner Auffassung Ähnlichkeiten bestimmter wissenssoziologischer Argumente bei Autoren, die ansonsten gewiss verschiedenen „Paradigmata" anhängen, nur mit einigen Anstrengungen zu übersehen.[2]

---

[2] Einen kleinen Beleg dafür liefert z. B. Barnes' Auseinandersetzung mit Habermas' Vortrag über Erkenntnis und Interesse. Die kritische Distanzierung und Abgrenzung ist entschieden, jedoch bekundet der Autor zugleich die eine oder andere Form der Akzeptanz. Vgl. Barnes: Interests and the Growth of Knowledge, a.a.O.; S. 10ff.

(1) Den Ausgangspunkt, den „Grund, worin alles zurückgeht" (Hegel), bilden jene drei *faktischen Systemprobleme*, vor denen jede Gesellschaftsformation steht. Die angemessene logische Struktur einer Verhältnisbestimmung des Zusammenhangs jener drei Systemprobleme zueinander, also (a) des Problems der materiellen Reproduktion (gesellschaftliche Basis) und (b) des Problems der sexuellen Reproduktion (b betrifft das Geschlechter- und Generationenverhältnis, a + b bedeuten das gesellschaftliche Sein) mit (c) dem Problem der kulturellen Reproduktion) stellt eine Frage dar, die man an Diskussionen über die Basis-Überbau-Problematik weiter reichen muss, egal wie diese aufgegriffen wird (z. B. mit der Gegenüberstellung von Struktur und Kultur).

(2) An diese drei *Gattungsprobleme* sind drei ganz allgemeine Typen von *Gattungsinteressen* gekoppelt. Die Mitglieder jeder Gesellschaftsformation müssen sie mit- oder gegeneinander (mit welchen Graden des zufriedenstellen Erfolgs auch immer) bearbeiten, soll die „Nation nicht verrecken" (Marx). So gesehen handelt es sich um Elementargestalten unserer *materiellen Interessen,* die „uns" (die Mitglieder einer historischen Gesellschaft) natürlich ebenfalls in den verschiedensten konkreten, wenn nicht in gegensätzlichen historischen Erscheinungsformen und Transformationen antreiben. Das *principium sese conservare* kann man gleichsam als ihren allgemeinsten und gemeinsamen Treibstoff ansehen.

(3) Sie erscheinen – folgt man an dieser Stelle explizit dem Habermasschen Vorschlag – als innerer Praxisbezug dreier gattungsgeschichtlich bedeutsamer *Wissenstypen,* welche der Umsetzung dieser praktischen Implikationen in konkrete Einzelaktion den allgemeinsten Rahmen abstecken. Menschen, schon die ganz urigen und frühen, brauchen (a) *technisch verwertbare Informationen* überhaupt. Es geht um *zweckrationale* Aktionen und Orientierungen (Wissensbestände) zugleich – so grundverschieden die gesteckten Ziele, die eingesetzten Mittel, die gewählten Strategien, ihre Entwicklungen und Rückentwicklungen historisch auch sein mögen. Wenn man so will: Es gibt ein durchgängiges *Erkenntnisinteresse* der Gattung an erfolgreicher „Technik". (b) Gleichermaßen unverzichtbar sind *Interpretationen überlieferter und handlungsorientierender Sinngehalte.* Jede Aneignung von Traditionsbeständen, jede Orientierung an Sitten und Gebräuchen der Vorläufer bedeutet Lernen, die ständige Ausdeutung und Umformung das Handeln anleitender kultureller Sinngehalte. Dem entspricht das allgemeines *Interesse an sprachlicher Verständigung.* (c) *Kritische Analysen.* Gemeint sind die schon zu antiken Zeiten beginnende Prozesse der *Aufklärung.* Denn Bemühungen um die Zurückdrängung „hypostasierter Gewalten" (Habermas) bzw. zur „Entzauberung der Welt" (Weber) gibt es schon früh in der Geschichte, etwa als Empfehlungen und Versuche zur Befreiung des Denkens und Handelns von den

Einflüssen, die Geister, Gespenster und Dämonen ausüben"[3] Dieses *Interesse an Emanzipation* macht sich in geschichtlich wechselnden Graden der Ausprägung und Erfolgsaussichten bemerkbar. Emanzipation bedeutet im Kern Befreiung von Repression und verweist auf ein *objektives Interesse* der Menschheit.

(4) Habermas geht davon aus, dass sich diese drei Grundformen gattungsgeschichtlicher Wissensansprüche in zeitgenössischer Gestalt als drei elementare Typen der Wissenschaft ausprägen. (a) *Die empirisch analytischen Wissenschaften:* Sie sind weitgehend mit den Naturwissenschaften der Neuzeit gleichzusetzen, insoweit diese auf analytisch klare Begriffsbestimmungen, widerspruchsfrei verbundene Gesetzeshypothesen, strenge Kausalanalysen, mathematisch genaue methodische Messungen, auf Datenfeststellungen vor allem mit den Mitteln von Experiment und Beobachtung ("Empirie"), stimmige Erklärungen und zutreffende Prognosen abstellen. Aufgrund ihres Strebens nach Wissen über Gesetz- und Regelmäßigkeiten stehen die empirisch-analytischen Wissenschaften "unter dem leitenden Interesse an der möglichst informativen Sicherung und Erweiterung erfolgskontrollierten Handelns" (EuI 115). Wenn man weiß, dass x (mindestens regelmäßig) auf y folgt, weiß man auch, dass man (wenn's geht) x herbeiführen muss, um y praktisch zu bewerkstelligen. Man verfügt dann über eine erfolgreiche Technik. Das "strategische Handeln" versteht sich als ebenfalls *zweckrational* ausgerichtete Interaktion mit anderen Menschen. (b) Die *historisch-hermeneutischen Wissenschaften* bilden nach Habermas den zweiten grundlegenden Wissenstypus der Moderne. Die historisch-hermeneutischen Wissenschaften zielen auf das Verstehen von *Sinn.* Historische Hermeneutik betreibt vor allem die Exegese des Sinns von Dokumenten oder anderer Zeugnisse der geschichtlich-kulturellen Überlieferung. Mithin ist sie auf die Aneignung von Sinngehalten ausgerichtet, deren Exegese die Bewahrung oder Veränderung aktueller Gegebenheiten der Gegenwart unterstützen oder verändern soll. Sie werden vom *historisch-hermeneutischen Erkenntnisinteresse* geleitet. In der gegenwärtigen Praxis können sie uns u. U. etwas darüber sagen, wo wir herkommen, was wir selbst und im Verhältnis zu bedeutsamen Anderen sind und welche Konsequenzen aus der Überlieferung womöglich für die Bearbeitung von Problemen der Gegenwart bzw. für eine verbesserte Einsicht in Problemsituationen gezogen werden können. (c) Bei Habermas zielen die *kritisch-orientierten Wissenschaften* vor allem auf Ideologiekritik und Verdinglichungskritik. Aber kritische Theorien weisen grundsätzlich eine *innere* praxisorientierte Bezugnahme auf Möglichkeiten der

---

[3] M. Horkheimer und Th. W. Adorno: Dialektik der Aufklärung, Amsterdam 1947, S. 13.

Befreiung von Menschen „aus der Abhängigkeit von hypostasierten Gewalten" auf (EuI 118). Sie stehen daher in einem strikten Gegensatz zu jedweden historischen Erscheinungsformen von Repression und Manipulation. So gesehen werden sie von einem *emanzipatorischen Erkenntnisinteresse* durchzogen. Dass die drei allgemeinen Erkenntnisinteressen nicht völlig disjunkt nebeneinander stehen, versteht sich von selbst.

(5) Selbst bei Weber findet sich ein Hinweis auf genau eines dieser Gattungsinteressen, wenn er sagt, alle Naturwissenschaften lieferten eine Antwort auf die Frage, was wir tun sollen, wenn wir das Leben technisch beherrschen wollen (GWL 599f.). Diese übergreifenden Erkenntnisinteressen sind jedoch von den besonderen wissenschaftlichen Erkenntnisinteressen zu unterscheiden, welche (in genannten allgemeinen Rahmen) die charakteristischen Perspektiven (Selektivitäten) festlegen, welche bestimmten Gruppen als Mitglieder einer „Forschergemeinschaft" bzw. als Anhänger eines historischen „Paradigmas" in groben Zügen die Richtung vorzeichnen, in welche ihre „normalwissenschaftliche" Arbeit an den Problemstellung ihrer Genossenschaft gehen soll. Der Sinn und die Bedeutung von gesellschaftlichen Wertideen und Wertaxiomen der Zeit(en) zusammen mit der Erfahrung tatsächlich existierender „Kulturprobleme" gehört nach Weber maßgeblich zum *Inhalt* der typischen Erkenntnisinteressen der Mitglieder einer wissenschaftlichen Schule.[4] Bei ihm reicht der Einfluss der Wertaxiome und/oder der Kulturprobleme via Erkenntnisinteressen der Forscher auf den Inhalt von Theorien normalerweise nur bis dahin, wo diese Kriterien die Auswahl des Untersuchungsbereiches sowie der relevanten Untersuchungsdimensionen anleiten. Aber der Begriff des „Erkenntnisinteresses" kann sich in einem breiteren Bedeutungsfeld als in dem bei Weber vorherrschenden bewegen. Es ist dann nicht allein ein Interesse an Erkenntnis gemeint, das eine mehr oder minder einverständige Orientierung der Mitglieder einer Forschergemeinschaft stiftet. Gemeint ist m. E. vielmehr auch die *innere* Ausrichtung eines ganzen Wissenschaftstypus (ganzer *Theorie*gebäude und nicht bloß der Wissenschaftlerorientierungen) auf *Praxis*. „Praxis" im ganz Allgemeinen bedeutet Bearbeitungsweisen jener drei Systemprobleme. Hinzu kommen natürlich interne Vermittlungen der Theorie selbst an spezifische Kulturwertideen in der jeweiligen Gesellschaft. Webers Hinweis auf Implikation (er bezieht ja einzelne seiner Aussagen ja auf den Gehalt der Naturwissenschaften und

---

[4] Ich erinnere nochmals an Poppers gegen den Datenpositivismus gerichtete Aussage: „Die Erkenntnis beginnt nicht mit Wahrnehmungen oder Beobachtungen oder der Sammlung von Daten oder von Tatsachen, sondern sie beginnt mit *Problemen*." K.R. Popper: Die Logik der Sozialwissenschaften, a.a.O.; S. 104.

nicht auf die Orientierung von Naturwissenschaftlern!) liest sich dann etwa so: Der empirisch-analytische Theorietyp ist immanent so angelegt, dass er in „Funktionskreise" (Habermas) erfolgsorientierten Handelns in der gesellschaftlichen Praxis eingehen kann. Hinzu kommt, dass Kants Lehre von der bestimmenden Urteilskraft die Stelle logisch exakt bestimmt, wo rationale, logische Operationen des theoretischen Verstandes auf den Rückgriff auf alogische (soziale) Faktoren wie alltagsweltlichen Sinn angewiesen sind. Auf „kulturelle Ressourcen" (Barnes) als Bestandteile des Gehaltes von Theorien stößt man z. B. auch in der Form alltagsweltlich geläufiger Metaphern und Analogien. Es ist wohl wirklich so, dass selbst hoch formalisierte Sprachen nicht ohne Anschluss an alltagssprachlichen Sinn und Bedeutung (und dies nicht nur bei ihrer Darstellung auf einem Kongress) vermittelt und ausgebaut werden können (Husserls Theorem). Um ein triviales Beispiel auszuwählen: Ist der hoch komplexe und von Alltagsbedeutungen entfernte Begriff einer „mathematischen Gruppe" wirklich absolut abgelöst von allen abstraktifizierten Vorstellungen von „Gruppen" im gebräuchlichen Sinn zu verstehen? Anders ausgedrückt: Ist der Sinn des Begriffs „Gruppe" einschränkungslos abzulösen von jedem alltagsweltlichen Sinnhorizont dieser Kategorie? Eher: Nein! Ein Einwand gegen diese Behauptung lautet: Die fachliche Erläuterung, eine mathematische Gruppe (u. a.) als ein Gefüge (als Konfiguration) von Verknüpfungsregeln für ihre Bestandteile (Symbole) zu verstehen – was nicht entscheidend anders aussieht als bei jedem hoch abstrakten soziologischen Gruppenbegriff – stellt nichts mehr als ein didaktisches Hilfsmittel dar. Die durch die Axiome des Kalküls festgelegte implizite Definition des mathematischen Gruppenbegriffs hat damit gar nichts zu tun! Aber sind rein implizite Definitionen überhaupt möglich? (Gödel).[5] Gut, schön und klar ist in dieser Situation eines mit Sicherheit: Darüber kann und muss man weiterhin heftig streiten

(6) Es fehlt nur noch der letzte Schritt, durch den sich die Bestandteile des wissenssoziologischen Modells zu einem expandierenden, stagnierenden oder regredierenden Kreislaufbild zusammenschließen. D. h.: Die Bewegung geht am Ende wieder in ihren Grund zurück, in eine Praxis, deren *allgemeinster* Typus durch die drei Systemprobleme abgesteckt wird. Sie geht zugleich auch in die *besonderen* Kulturwertprobleme und faktischen Problemsituationen zurück, welche sich via Erkenntnisinteressen einer Schule in spezifischer Gestalt als historisch-praktische Implikationen ihrer Theorie bemerkbar machen. Die bestimmten Arten und Weisen der Rückkoppelung in die Praxis können allerdings ganz verschieden

---

[5] Vgl. dazu Th. Collmer: Hegel und Gödel, Wenzendorf 2011.

aussehen: Am einen Ende eines breiten Spektrums steht die unüberschaubare Diffusion von wissenschaftlichen Einsichtgren – analog ungeplanter Nebenfolgen von Handlungen – in Verwendungszusammenhänge, die den Praxisvorstellungen der Urheber im Extremfall sogar völlig entgegengesetzt sein können. Um Gottes Willen! Was haben die daraus gemacht! Heutzutage führt die „Verbreitung" von wissenschaftlichem Wissen vor allem über alle möglichen und unmöglichen Medien – auch da kann es mitunter heißen: Um Gottes Willen! In anderen Fällen können bevorzugte Adressaten der wissenschaftlichen Arbeit Ergebnisse aufgreifen und technisch umsetzen oder für die kritische oder affirmative Aneignung von Traditionsbeständen mobilisieren oder für eine „emanzipative" Praxis ihrem Verständnis gemäß einsetzen. Resultate wissenschaftlicher Arbeit können natürlich immer auch zur Förderung der historisch spezifischen Wertideen, an denen den Urhebern gelegen ist oder auch zu womöglich erfolgreicheren Bearbeitung kultureller Problemsituationen eingesetzt werden. Jemand kann sich auch – der Weberschen Empfehlung entsprechend – in die Rolle eines Politikers begeben, um gemeinsam mit der einen Aktorgruppe, im Gegensatz zu den Zielsetzung einer anderen, an der Umsetzung seiner wissenschaftlichen Ergebnisse „in die Praxis" zu arbeiten. Das kann etwa im Kontext von Parteiarbeit oder einer sozialen Bewegung oder. ... geschehen. Am entgegengesetzten Ende dieses Spektrums befinden sich die Gelegenheiten, bei denen eine einzelne Wissenschaftlerin oder ein einzelner Wissenschaftler tatsächlich über die Möglichkeit verfügen, durch ihre Individualarbeit irgendetwas gezielt bei Adressaten zu bewirken. Das Paradebeispiel dafür liefert die Situation, in der es Therapeuten gelingt, im „emanzipativen Interesse" ein Individuum mehr oder minder nachhaltig von den „hypostasierten Gewalten" (Habermas) bestimmter Verdrängungen, Traumata etc. zu befreien.

Ich denke: Selbst dieses vereinfachte Modell lässt den Kausalismus des ersten Bloorschen Grundsatzes als entschieden zu starr erscheinen. Wertvorstellungen spielen an allen Stellen dieses Zusammenhangs der Momente eine entscheidende Rolle: Als Wertideen, die im Alltag darüber entscheiden, was für uns relevant, „kulturbedeutsam" (Weber) ist; als unser „Interesse" im ganzen Spektrum der Bedeutungen, worin sich der Interessebegriff bewegen kann; als übergreifende Gattungsprobleme; als spezifische Problemsituationen, in der wir auf Hindernisse für unsere Strebungen stoßen (Simmels Werttheorie); als Erkenntnisinteresse einer Forschergemeinschaft; als Erkenntnisinteresse im weitergehenden Sinn praktischer Implikationen von Theorien selbst; als objektives Interesse; als begrüßenswerte oder abzulehnende Folge der Theorie in eine bestimmte Form der Praxis. Man kann nach all dem wohl sehr leicht nachvollziehen, warum Max Weber mit einem Hauch von Trauer in der Stimme vom „berüchtigten Begriff " des Wertes spricht (GWL 196).

Siglenverzeichnis

CENS   *M. Bunge:* A Critical Examination of the New Sociology of Science, in: Philosophy of the Social Sciences, Vol. 22, Nr. 1 (1992), S. 46ff.

EuI   *J. Habermas:* Erkenntnis und Interesse, in ders.: Technik und Wissenschaft Als >Ideologie<, Frankfurt/M 1968, S. 146ff.

ER   *A. Sen:* Equality Reexamined, New York 1992.

FWD   *H. Putnam:* The Collaps of the Fact/Values Dichotomy and Other Essays, Cambridge Mass./London 2002.

GR   *K. Marx:* Grundrisse der Kritik der politischen Ökonomie, Frankfurt/M o.J.

GSG   *J. Searle:* Geist, Sprache und Gesellschaft, Darmstadt 2001.

GMS   *I. Kant:* Grundlegung zur Metaphysik der Sitten, in: I. Kant: Werke in sechs Bänden (hrsg. v. W. Weischedel), Band IV, Darmstadt 1963.

IJ   *A. Sen:* The Idea of Justice, London 2009.

KPÖ   *K. Marx:* Zur Kritik der politischen Ökonomie, Berlin 1974.

MEW   *K. Marx:* Das Kapital (Marx/Engels Werke Band 23).

NB   *J. Elster:* Nuts and Bolts for the Social Sciences, Cambridge 1989.

PdG   *G. Simmel:* Philosophie des Geldes, Frankfurt/M 1989.

KpV   *I. Kant:* Kritik der praktischen Vernunft, Werke Band IV, Darmstadt 1963.

KR   *E. Husserl:* Die Krisis der europäischen Wissenschaften und die Transzendentale Phänomenologie, den Haag 1976.

KrV   *I. Kant:* Kritik der reinen Vernunft, Werke Band II, Darmstadt 1963.

ÖfM   *A. Sen:* Ökonomie für den Menschen. Wege zu Gerechtigkeit und Solidarität in der Marktwirtschaft, München 2002 (2005).

PA   *H. Rickert:* Philosophische Aufsätze, Tübingen 1999.

J. Ritsert, *Wert*, DOI: 10.1007/978-3-658-02194-8,
© Springer Fachmedien Wiesbaden 2013

RPh   *G. W. F. Hegel:* Grundlinien der Philosophie des Rechts (1821), 4. Aufl., Hamburg 1955.

SASW   *A. Schütz:* Der sinnhafte Aufbau der sozialen Welt, Frankfurt/M 1974.

SHS   *Zeitschrift:* Studies in History and Philosophy of Science, 38 (2007), D. Bloor S. 210ff und St. Kemp S. 241ff.

SP   *R. N. Gier:* Scientific Perspectivism, Chicago and London 2006.

SK   *B. Barnes/D. Bloor/J. Henry:* Scientific Knowledge. A Sociological Analysis, London 1996.

SKST   *B. Barnes:* Scientific Knowledge and Sociological Theory, London and Boston 1974.

WCC   *P. Forman:* Weimar Culture, Causality, and Quantum Theory, 1918–1927. Adaption by German Physicists to a Hostile Intellectual Environment, in: Historical Studies in the Physical Sciences (R. MacCommach Ed.), Philadelphia 1971.

WL   *G. W. F. Hegel:* Wissenschaft der Logik, Band II, Hamburg 1969.

Literaturverzeichnis

Th. W. Adorno et. alt.: Der Positivismusstreit in der deutschen Soziologie, Frankfurt/M 1972.

G. Albert: Der Werturteilsstreit, in: G. Kneer und St, Moebius: Soziologische Kontroversen. Beiträge zu einer anderen Geschichte der Wissenschaft vom Sozialen, Berlin 2010.

H. G. Backhaus: Dialektik der Wertform, Freiburg 1997.

R. Bhaskar: Dialectic. The Pulse of Freedom, London/New York 1993.

A. Bammé: Science Wars. Von der akademischen zur postakademischen Wissenschaft, Frankfurt/M 2004.

Barnes/Bloor/Henry: Scientific Knowledge. A Sociological Analysis, London 1996.

B. Barnes: Interests and the growth of knowledge, London/Boston 1977.

B. Barry: Political Argument, London 1965.

G. S. Becker: The Economic Approach to Human Behavior, Chicago 1976.

M.C. Cohen/E. Nagel: An Introduction to Logic, New York 1962.

Collins/Pinch: The Golem. What you should know about science, Cambridge 1993 (1998) und diess.: The Golem at Large. What you should know about technology, Cambridge 1998.

Th. Collmer: Hegel und Gödel, Wenzendorf 2011.

Dixit/B. J. Nalebuff: Spieltheorie für Einsteiger. Strategisches Know-how für Gewinner, Stuttgart 1995.

E. Durkheim: Die elementaren Formen des religiösen Lebens, Frankfurt/M 1994.

U. Eco: Kant und das Schnabeltier, München 2000.

Epikur: Briefe. Sprüche. Werkfragmente, Stuttgart 1980.

J. G. Fichte: Grundlage der gesamten Wissenschaftslehre (1794), Hamburg 1956.

J. Fulcher: Kapitalismus, Stuttgart 2007.

D. Graeber: Debt. The First 5000 Years, New York 2011.

J. Habermas: Faktizität und Geltung. Beiträge zur Diskurstheorie des Rechts und des demokratischen Rechtsstaats, Frankfurt/M 1992.

I. Hacking: Was heißt >>soziale Konstruktion<<? Zur Konjunktur einer Kampfvokabel in den Wissenschaften, Frankfurt/M 1999.

M. Heinrich: Kritik der politischen Ökonomie. Eine Einführung, Stuttgart 2005 (3. Auflage).

M. Heinrich: Die Wissenschaft vom Wert. Die Marxsche Kritik der politischen Ökonomie zwischen wissenschaftlicher Revolution und klassischer Tradition, Hamburg 1991. 2. durchgesehene Auflage, Münster 2001.

J. Ritsert, *Wert*, DOI: 10.1007/978-3-658-02194-8,
© Springer Fachmedien Wiesbaden 2013

G. Heinsohn/O. Steiger: Eigentum, Zins und Geld. Ungelöste Rätsel der Wirtschaftswissenschaft, Reinbek b. Hamburg 1966.

Horkheimer/Adorno: Dialektik der Aufklärung, Amsterdam 1947.

Horkheimer/Adorno: Sociologica II. Reden und Vorträge, Frankfurter Beiträge zur Soziologie, Band 10, Frankfurt/M 1962.

D. Hume: Traktat über die menschliche Natur, Buch III, Hamburg 1978.

Hunt/Sherman: Ökonomie. Aus traditioneller und radikaler Sicht, Frankfurt/M 1974.

V. Kraft: Wertbegriffe und Werturteile, in H. Albert/E. Topitsch (Hrsg.): Werturteilsstreit, 3. Aufl., Darmstadt 1990.

L. Laudan: Progress and its Problems: Towards a Theory of Scientific Growth, Univ. of California 1981.

J. St. Mill: On Liberty and Other Essays, Oxford 1991.

Th. Nagel: The View from Nowhere, New York/Oxford 1986.

K. R. Popper: Die offene Gesellschaft und ihre Feinde. Erster Band: Der Zauber Platons, Bern 1957.

W. van Orman Quine: Two Dogmas of Empiricism, in ders.: From al Logical Point of View, Harvard, 2. Auflage von 1961.

K. R. Popper: Alles Leben ist Problemlösen. Über Erkenntnis, Geschichte und Politik, München 1996.

C. Resch/H. Steinert: Kapitalismus, Münster 2009.

J. Ritsert: Der Kampf um das Surplusprodukt, Frankfurt/New York 1988.

J. Ritsert: Dialektische Argumentationsfiguren in Philosophie und Soziologie, Münster 2008.

J. Ritsert: Theorie praktischer Probleme, Wiesbaden 2012.

P. A. Samuelson: Volkswirtschaftslehre. Eine Einführung, Köln ab 1952.

M. Scharping (Hg.): Wissenschaftsfeinde? >>Science Wars<< und die Provokation der Wissenschaftsforschung, Münster 2001.

Schütz/Luckmann: Strukturen der Lebenswelt, Band 2, Frankfurt/M 1984.

J. R. Searle: How to derive 'ought' from 'is', in: W. D. Hudson: The Is/Ought Question, London 1969, S. 120ff.

P. Slezak: A Second Look at David Bloor's Knowledge and Social Imagery, in: Philosophy of the Social Sciences, Vol. 24, Nr. 3 (September 1994), S. 336ff.

J. Vogl: Das Gespenst des Kapitals, Zürich 2010/2011.

Weingarten/Sack/ Schenkein: Ethnomethodologie. Beiträge zu einer Soziologie des Alltagshandelns, Frankfurt/M 1976.

P. Winch: Die Idee der Sozialwissenschaft und ihr Verhältnis zur Philosophie, Frankfurt/M 1966.

Printed in the United States
By Bookmasters